BERLITZ
COSTA BLANCA

Herausgeber: Redaktion des Berlitz Verlags

Copyright © 1980 by Editions Berlitz,
a division of Macmillan S.A.,
1, av. des Jordils, 1000 Lausanne 6, Switzerland.

All rights reserved. No part of this book may
be reproduced or transmitted in any form or
by any means, electronic or mechanical,
including photocopying, recording or by any
information storage and retrieval system
without permission in writing from the
publisher.

Berlitz Trademark Reg. U.S. Patent Office
and other countries - Marca Registrada.
Library of Congress Catalog Card No. 78-52522.
Printed in Switzerland by Weber S.A., Bienne.

9. Auflage
Ausgabe 1989/1990

Wichtiges auf einen Blick

- Einen ersten Eindruck von Land und Leuten erhalten Sie auf den Seiten 6 bis 20.
- Die Sehenswürdigkeiten werden auf den Seiten 21 bis 70 besprochen. Was Sie unserer Meinung nach unbedingt sehen sollten, ist am Rande mit dem Berlitz Symbol gekennzeichnet.
- Unterhaltungsmöglichkeiten, Einkaufstips und Tafelfreuden stehen auf den Seiten 70 bis 99.
- Nützliche Informationen und Hinweise für die Reise finden Sie ab Seite 100.
- Und möchten Sie ganz schnell eine Einzelheit wissen, schlagen Sie im Register auf den Seiten 126 bis 128 nach.

Alle Informationen in diesem Reiseführer sind sorgfältig recherchiert und überprüft worden, erfolgen aber ohne Gewähr. Der Verlag kann für Tatsachen, Preise, Adressen und allgemeine Angaben, die fast ständig von Änderungen betroffen sind, keine Verantwortung übernehmen. Berlitz Reiseführer werden regelmäßig auf den neuesten Stand gebracht, und die Redaktion ist für Berichtigungen, Hinweise und Ergänzungen dankbar.

Text: David Henderson
Deutsche Fassung: Karin Goedecke
Fotos: Ken Welsh und David Henderson, M.M.P.A.
Gestaltung: Doris Haldemann
Wir danken David Pulman, Tim Chilvers, Gerhard Peters und dem Spanischen Fremdenverkehrsamt für ihre Mitarbeit bei der Vorbereitung dieses Reiseführers.
Kartografie: Falk-Verlag, Hamburg, in Zusammenarbeit mit Cartographia, Budapest.

Inhalt

Land und Leute		6
Geschichtlicher Überblick		12
Von Ort zu Ort		21
	Alicante	22
	An der Küste nach Norden	34
	Benidorm	45
	An der Küste nach Süden	50
	Auf den Spuren der Mauren im Inland	58
Was unternehmen wir heute?		
	Stierkampf	70
	Flamenco	72
	Volkstänze und Fiestas	75
	Sport und Erholung	77
	Einkaufsbummel	85
Tafelfreuden		89
Berlitz-Info	Reiseweg und Reisezeit	100
	Mit soviel müssen Sie rechnen	103
	Praktische Hinweise von A bis Z	104
Register		126
Karten und Pläne	Alicante	25
	Gandía–Alicante	35
	Benidorm	47
	Alicante–Cartagena	51
	Cartagena	55
	Cartagena–Cabo de Gata	57
	Murcia	67

Umschlagbild: Hafen von Altea; Bild S. 2–3: Beim Mandelnschälen

Land und Leute

»Das muß ein Stück vom Himmel sein«, meinten die Mauren, als sie vor tausend Jahren an der Costa Blanca landeten. Kein Wunder, daß die Wüstensöhne glaubten, dieses Fleckchen Erde sei ein Vorposten des Paradieses. Zehn Monate im Jahr scheint die Sonne warm auf Strände, ockerfarbene Felder und windumwehte Berge. Oliven- und Eukalyptusbäume sprenkeln die Ebene, Orangenhaine schmiegen sich in die Täler, und schon im Februar schimmern auf den Hügeln weiß und rosa die Mandelblüten.

Der Name Costa Blanca ist keine Erfindung der Fremdenverkehrsämter, sondern Spaniens sagenhafte »weiße Küste« tauften vor 2500 Jahren griechische Kaufleute: in der Nähe des heutigen Alicante hatten sie ihre Kolonie *Akra Leuka* – Weiße Landspitze – gegründet. Rund 400 Jahre später nannten die Römer ihre Provinzhauptstadt *Lucentum*, Stadt des Lichts. Die Buchstaben *A. L.* und *L. A.* (*Lucentum Alicante*) schmücken noch heute das Stadtwappen von Alicante.

Das überreiche Angebot an Sonne, Meer und Gebirge, mit dem die Costa Blanca ihre Touristen verwöhnt, blieb bis in die frühen sechziger Jahre fast ungenutzt. Dann aber blickten die Alicantinos zur Costa Brava im Norden und zur Costa del Sol im Süden und erkannten, daß sie Gleiches, wenn nicht Besseres bieten konnten. Von diesem Moment an war *el boom*, wie die Einheimischen sagen, nicht aufzuhalten. In Benidorm, einem Schmuggler- und Fischerstädtchen, schossen Hotels, Apartmenthäuser und Villen zu Hunderten aus dem Boden: Betten für 300 000 Gäste. Eine vierspurige Autobahn führt fast durchgehend von der französischen Grenze am Meer entlang bis Alicante – auf ihr brausen Millionen zielstrebig »ihrem« Badeort entgegen.

Die eigenartig schöne »weiße Küste« ist rund 500 Kilometer lang. Sie reicht von Denia bis zum Kap Gata, säumt die Provinzen Alicante und Murcia und greift auf die von Valencia und Almería über. Zwischen Denia und Altea liegen weiße Sand- und Kiesstrände hinter zerklüfteten Klippen versteckt oder bilden weite, einladende Buchten. Bei Benidorm

In Benidorm liegen die Ferienapartments direkt an den herrlich geschwungenen Sandstränden.

genießen Sonnenhungrige den Hotelkomfort direkt an den beiden schönen Sandstränden. Rund 35 Kilometer weiter südlich liegt der lange Strand von San Juan, Tummelplatz für die 185 000 Einwohner von Alicante. Die große Lagune des Mar Menor lockt mit vielerlei Gelegenheiten für Sport und Zeitvertreib, und jenseits von Cartagena erstrecken sich die langen, vielfach noch unberührten Strände von Garrucha mit ihrem wunderschönen, einsamen Hinterland, ein Paradies für Campingurlauber.

Im Innern klettern gewundene Landstraßen zwischen Terrassenfeldern aus maurischer Zeit hinauf zu pittoresken Dörfern, die sich seit Jahrhun-

Sonnenjalousien schützen gegen die Hitze, Erfrischung sucht man im Mittelmeer.

derten nicht verändert haben. Die eindrucksvolle Maurenfestung Guadalest betreten Sie durch einen Tunnel, der vor mehr als tausend Jahren in den Fels gehauen wurde und noch immer den einzigen Zugang bildet. In Elche sehen Sie den größten Palmenhain Europas – die ersten Bäume setzten die Karthager! –, und auch das 30 Kilometer entfernte Städtchen Orihuela am Segurafluß wird malerisch von Palmen beschattet.

Wer sich für Archäologie interessiert, wird Funde aus dem Altertum wie den berühmten bronzezeitlichen Goldschatz von Villena bewundern. Freunde der Kunst finden Werke aus den Glanzzeiten spanischer Malerei, Plastik und Architektur und lernen die einheimischen Künstler kennen: Francisco Salzillo, dessen farbige Barockplastiken in den Kirchen seiner Heimatprovinz Murcia zu sehen sind, oder den modernen valencianischen

Bildhauer Mariano Benlliure, der Prozessionsfiguren für die Kirche von Crevillente schuf.

Für Unterhaltung ist an der Costa Blanca überall gesorgt. Die Sportmöglichkeiten sind unerschöpflich – Bowling und Wasserski, Windsurfen und Tauchen, Tennis und Golf. Sie können Corridas mit den besten Stierkämpfern besuchen oder, wenn Sie mögen, das Nachtleben von Benidorm und Alicante mitgestalten helfen.

Spanien ist berühmt für seine Fiestas. Eine der buntesten ist die Fiesta der Moros y Cristianos in Villajoyosa mit ihrer prächtigen Darstellung historischer Kämpfe zwischen Christen und Mauren. An Dramatik ist das berühmte Fest der Hogueras de San Juan, das im Juni in Alicante gefeiert wird, kaum zu überbieten. Um Mit-

Ein gemächliches Leben zu führen, zwischen Mandelbäumen und Apfelsinen...

ternacht werden dabei riesige *fallas*. Figurengruppen aus Pappmaché, verbrannt.

»Die Spanier genießen die Zeit wie kostbaren alten Wein«, lautet ein in dieser Gegend viel zitiertes Sprichwort. Hier, an der Costa Blanca, arbeiten sie außerdem noch schwer. Die gut bewässerten Felder liefern reiche Ernten, aber auch Industrieprodukte wie Papier, Schuhe, Puppen und andere Spielwaren bringen gute Erträge. Obwohl der Fremdenverkehr den Haupterwerbszweig bildet, wird das traditionelle Handwerk nicht vernachlässigt: Körbe, vielerlei Flechtwaren und Spitzen entstehen in Heimarbeit. In Jijona stellen Großkonditoreien den köstlichen *turrón,* eine Leckerei aus Honig und Mandeln, nach alten maurischen Rezepten her. Die Salinen von Torrevieja gehören zu den größten Europas.

An der Costa Blanca wird jeder, auch auf die Gefahr hin, ein Verkehrschaos zu verursachen, dem Fremden hilfreich Auskunft geben – besonders, wenn er ein paar Worte »Hochspanisch« (Kastilisch) spricht. Daneben hört und sieht man immer öfter örtlich gefärbte »Vokabeln«, die nicht einfach als Dialekt belächelt werden sollten.

Geschichtlicher Überblick

Von jeher war die Costa Blanca das Ziel fremder Eroberer: Iberer, Phönizier, Griechen, Römer, Westgoten und Araber landeten an dieser Küste und haben ihre Kultur geprägt. Ihre Ureinwohner führten vermutlich ein primitives Leben als wandernde Jäger. Am Ende der Steinzeit fanden dann kleine dunkelhäutige Menschen aus Nordafrika den Weg zur spanischen Halbinsel: die Iberer, ein wildes, streitbares Volk, das seine Wohnhöhlen mit Wandmalereien und Zeichnungen seiner Kämpfe ausschmückte. (Fast in jedem Dorf-Gemeindehaus kann man dem Besucher den Weg zu den Höhlen weisen.)

Zwischen 900 und 500 v. Chr. beginnen die Kelten nach Spanien einzuwandern. Sie siedeln sich im Norden und Westen des Landes an, dringen aber nie bis zur Costa Blanca vor. In Zentralspanien vermischen sie sich mit den Iberern, doch anderswo bewahren beide Stämme fanatisch ihre Unabhängigkeit, ein Wesenszug, den man noch heute im starren Autonomiestreben der spanischen Provinzen zu spüren glaubt.

Frühe Handelsverbindungen

Etwa 1100 v. Chr. wagen sich die Phönizier aus dem heutigen Libanon bis nach Iberien vor. Sie gründen viele Handelsniederlassungen in dem »fernen« oder »verborgenen« Land, das Sie *Span* oder *Spania* nennen. Bald entstehen phönizische Städte wie Elche und Játiva an der Costa Blanca.

Ungefähr 650 v. Chr. landen auch griechische Kaufleute an der Küste, die von den reichen Bodenschätzen und fruchtbaren Äckern Spaniens gehört hatten. Der Einfluß der Griechen an der Costa Blanca ist kurzlebig, aber sie hinterlassen als bleibendes Geschenk den Ölbaum und die Weinrebe.

Als nächstes kommen Verwandte der Phönizier aus Nordafrika: die Karthager. Sie nehmen große Teile Südspaniens in Besitz, zuallererst im Jahre 501 v. Chr. die Stadt Cádiz. Cádiz hatte die karthagische Armee um Hilfe gegen einheimische Stämme gerufen – und wie das manchmal geschieht, bleiben die geladenen Gäste für immer. Das karthagische Machtzentrum in Spanien liegt an der Costa Blanca: in Carthago Nova, heute Cartagena, und später in Alicante.

Als die Karthager in den Ersten Punischen Krieg gegen Rom (264–241 v. Chr.) ziehen müssen, verlieren sie die meisten ihrer spanischen Besitzungen an die Iberer. Doch dann neigt sich mit einem ersten Sieg im Zweiten Punischen Krieg (218–201 v. Chr.) das Glück auf ihre Seite. Der karthagische Feldherr Hannibal bricht zu einem der größten militärischen Gewaltmärsche der Geschichte auf. Er zieht an der Costa Blanca und weiter an der spanischen Küste entlang nach Italien, überquert die Pyrenäen und die Alpen und fällt Rom von Norden in den Rücken. Um Hannibal den Nachschub abzuschneiden, brechen die Römer in Spanien ein. Sie werden 600 Jahre dort bleiben.

Unter römischer Herrschaft

Doch fast 300 Jahre braucht Rom, um die iberischen Stämme zu unterwerfen. Der römische Einfluß in Spanien ist tiefgreifend, denn die Eroberer bringen ihr Wissen als Ingenieure und Architekten mit. Ordnung und eine gewisse Einheit ergeben sich durch die Einführung der lateinischen Sprache, aus der sich das moderne Spanisch entwickelte, durch das römische Recht, aus dem die spanische Gesetzgebung hervorging, und schließ-

Die Höhlen von Almanzora waren schon in der Steinzeit begehrte Apartments – auch ohne TV.

lich durch das Christentum.

Als das römische Reich zerbricht, zieht es seine Truppen aus Spanien zurück und öffnet damit das Tor für den Einfall der Wandalen. Diese werden schließlich durch die Westgoten unterworfen, die große Teile Südspaniens rund 300 Jahre lang beherrschen. Doch die Westgoten zerstreiten sich und rufen die Mauren als Verbündete ins Land.

Das maurische Spanien
Im Jahre 711 setzt der arabische Feldherr Tarik mit 12000 Berberkriegern nach Gibraltar über: Es ist der Auftakt zu einer 800jährigen Auseinandersetzung zwischen Christentum und Islam auf spanischem Boden. Die Mauren siegen auf der ganzen Linie, innerhalb von zehn Jahren flattert die grüne Fahne des Propheten fast überall auf der iberischen Halbinsel. Cartagena (Kartajanah), Murcia (Mursiyah) und Játiva (Xativa) tragen noch heute ihre arabischen Namen.

Die Mauren waren relativ tolerante Herrscher, die es vorzogen, die Ungläubigen zu besteuern, anstatt sie zu bekehren. Sie lehrten die Spanier die Herstellung von Papier – in Játiva wird noch heute Papier fabriziert. Sie entwarfen Bewässerungssysteme, die vielerorts noch ausgezeichnet funktionieren, und sie bepflanzten die *huertas*, die Obstgärten der Costa Blanca, mit Orangen (arabisch *narandj*), Pfirsichen und Granatäpfeln. Auch Reis, Baumwolle und Zuckerrohr wurden zuerst von den Mauren auf spanischem Boden angebaut.

Zahlreiche maurische Festungsbauten an der Costa Blanca erzählen von den fähigen arabischen Architekten, und in der Keramik dieser Gegend spiegelt sich deutlich der Einfluß arabischer Töpferkunst wider. Die Mauren waren in den Wissenschaften hochgebildet, wie es eine ärztliche Behandlungsvorschrift, die ein arabischer Arzt in Crevillente niederschrieb und die für ihre Zeit als revolutionär gilt, beweist.

Die Reconquista
Die Mauren hatten ebensowenig wie die Westgoten aus der Geschichte gelernt. Bedroht durch die wachsende Macht ihrer christlichen Gegner und zerrissen durch innere Streitigkeiten, suchen sie ihrerseits Hilfe bei den Almohaden. Diese fanatischen Berberkrieger aus dem heutigen Marokko machen aus dem maurischen Spanien bald eine Provinz ihres nordafrikanischen Reiches.

Immer wieder sind es Obstbäume, die der dürren Gebirgslandschaft Leben und Farbe verleihen.

Der Kampf zwischen Christen und Arabern währt Jahrhunderte lang. 1212 können die Christen bei Las Navas de Tolosa ihren ersten entscheidenden Sieg erringen. Die christlichen Provinzen erobern nun eine maurische Bastion nach der anderen. 1242 erkämpft Ferdinand III. Murcia für Kastilien; Denia und Játiva fallen 1244 durch Jakob den Eroberer, Cartagena wird jedoch erst 1265 eingenommen. Die Mauren werden zurückgedrängt und verschanzen sich in den unzugänglichen Bergfestungen rund um Granada und im Tal von Segura an der Costa Blanca. Dort können sie sich noch bis 1492 halten.

Das Goldene Zeitalter
Spaniens goldenes Jahrhundert beginnt unter den »Katholischen Königen« Ferdinand und Isabella. Dieser Titel war ihnen 1492 von Papst Alexander VI. verliehen worden, als sie nach der Eroberung von Granada einen Großteil des Landes im christlichen Königreich von Kastilien und Aragon vereinigt hatten. Im gleichen Jahr entdeckt Kolumbus, der im Namen der Katholischen Majestäten ausgesegelt war, um den Seeweg nach Indien zu suchen, die Neue Welt.

Ferdinand und Isabella ordnen im Zuge ihrer Christianisierung an, daß alle Juden – die fähigsten Kaufleute und Bankiers des Landes – sich taufen lassen oder auswandern

müssen. Die Mauren, Spaniens Potential an billigen und in der Landwirtschaft erfahrenen Arbeitskräfte, werden 1502 vor die gleiche Alternative gestellt.

Das Tal von Segura ist das letzte Stückchen Spanien, das den Moslems verbleibt. 1505 müssen sie auch dort ihre Festungen aufgeben. Mauren *(moriscos)* und konvertierte Juden *(conversos)* werden hart bedrängt, als die Scheiterhaufen der Inquisition in Spanien aufflammen. Viele Moriscos und Conversos verlassen das Land oder finden den Tod.

Die Eroberung der Neuen Welt bringt Spanien Ruhm und märchenhafte Reichtümer ein, aber man münzt das Gold nicht zum Nutzen des Landes um. Bald folgt ein Fehlschlag dem anderen. 1588 wird die »unüberwindliche« Armada, die aufgebrochen war, um England zu erobern, von Sir Francis Drake und einem schicksalhaften Sturm besiegt. Die nächste Niederlage ereignet sich 1643 im flandrischen Rocroi, die spanischen Truppen werden von einer französischen Armee geschlagen.

Nachdem sie 1492 die Mauren vertrieben hatten, ernannte sie der Papst zu Katholischen Königen: Ferdinand und Isabella.

Machtansprüche Frankreichs
Als Karl II. im Jahre 1700 ohne Erben stirbt, beanspruchen sowohl der Habsburger Erzherzog Karl von Österreich als auch der Bourbonenprinz Philipp von Anjou den spanischen Thron. Im folgenden Erbfolgekrieg stellt sich Murcia gegen den Österreicher, Játiva kämpft aber so verbissen gegen die Thronfolge Philipps, daß man den Namen der Stadt, nachdem sie dennoch besiegt ist, in San Felipe ändert (erst im 19. Jahrhundert erhält sie ihren alten Namen zurück). Im Friedensvertrag von Utrecht wird Philipp 1713 die spanische Krone zugesprochen.

Fast hundert Jahre später fechten in den Napoleonischen Kriegen spanische und französische Schiffe bei Trafalgar, südöstlich von Cádiz, glücklos gegen Lord Nelsons Flotte. Später mißtraut Napoleon seinem spanischen Verbündeten, er zwingt den König zur Abdankung und setzt 1808 seinen Bruder Joseph auf Spaniens Thron. Als sich die Spanier auflehnen, marschieren französische Truppen über die Pyrenäen, unter anderem wird auch Denia von den Franzosen besetzt, zweimal beschossen und 1813 acht Monate lang belagert. Erst mit Hilfe der Engländer unter Wellington kann

Spanien die Franzosen vertreiben und seine Unabhängigkeit zurückgewinnen. Während dieser Kriegsjahre (1808–14) entsteht der erste Entwurf einer spanischen Verfassung.

Niedergang und Chaos

Die Hoffnung, eine konstitutionelle Monarchie zu gründen, schlägt fehl, und Spanien wird ein Jahrhundert lang von inneren Machtkämpfen zerrissen. In Übersee erheben sich die spanischen Kolonien und fordern Unabhängigkeit; bald ist nicht mehr viel von dem einst mächtigen spanischen Weltreich übrig. Ein Versuch, 1873 eine Republik zu gründen, scheitert.

Im Jahre 1902 besteigt Alfons XIII., erst 16 Jahre alt, den Thron. Seine Regierungszeit ist von Sorgen überschattet, denn die Ordnung ist brüchig und der Wohlstand fadenscheinig geworden, wenn Spanien auch im Ersten Weltkrieg neutral bleiben kann.

Bereits 1923 muß der König, bedrängt von wirtschaftlichen Problemen und die sichere Katastrophe vor Augen, General Miguel Primo de Rivera als Diktator anerkennen. Dieser wird jedoch schon sechs Jahre später gestürzt. Alle Reformen und Versuche, die Ordnung zu bewahren, scheitern. 1931 geht der König nach einer Wahlniederlage der Monarchisten ins Exil, und Spanien wird zur Republik erklärt.

Die parlamentarische Demokratie gerät durch das ideologische Engagement der verschiedenen politischen Parteien und ihren Mangel an Kompromißbereitschaft in Gefahr. Die wiederholten Versuche der Rechten, die Führung an sich zu reißen, stürzen Spanien in politische Streiks und provozieren Gewaltakte. Dann gewin-

Die Maurenfestung von Denia war in vergangenen Zeiten Schauplatz fürchterlicher Schlachten.

nen 1936 die linken Parteien die Wahlen und befinden sich sofort in schärfstem Konflikt mit der Rechten.

Der Bürgerkrieg

Im Juli 1936 erhebt sich ein großer Teil der Armee unter General Franco, unterstützt von den Monarchisten, den Konservativen, der Kirche und der Falange, gegen die Regierung. Auf der anderen Seite stehen Republikaner, Liberale, Sozialisten, Kommunisten und Anarchisten. Der nun ausbrechende Bürgerkrieg ist einer der bittersten und grausamsten des 20. Jahrhunderts. Beide Gegner finden Hilfe im Ausland: Deutschland und Italien unterstützen die Seite Francos durch die Lieferung von Waffen und Flugzeugen, die Sowjetunion stellt sich in ähnlicher Weise hinter die Republik, auf deren Seite auch die Internationalen Brigaden kämpfen. Das Blutvergießen dauert drei Jahre und kostet Hunderttausende von Menschenleben.

Nach Kriegsende hat Spanien weiterhin mit Schwierigkeiten zu kämpfen, aber es gelingt seinem neuen *caudillo* (Führer), wie sich Franco nun nennt, entgegen dem Wunsch Hitlers im Zweiten Weltkrieg Neutralität zu bewahren.

Notwendigkeit oder Verschandelung? Das neue Gesicht der Costa Blanca entsteht unerbittlich auf den Reißbrettern der Architekten.

Der Zukunft entgegen

In den Jahren des Wiederaufbaus nach dem Krieg fördert Franco den Tourismus im großen Stil, indem er Kredite für den Bau von Hotels und Apartmenthäusern in den Fremdenverkehrszentren – einschließlich der Costa Blanca – flüssig macht.

Im Jahre 1955 wird Spanien in die Vereinten Nationen aufgenommen und kann nun seine Straßen einem ständig wachsenden Touristenstrom öffnen, der auf die Wirtschaft und das Leben der Menschen in Spanien tiefgreifenden Einfluß nimmt.

Als Franco im November 1975 stirbt, besteigt Juan Carlos, der Enkel Alfons' XIII., den Thron. Der Weg zur Demokratisierung, den Juan Carlos eingeschlagen hat, ermöglicht seinem Land die Aufnahme in die Europäische Gemeinschaft. Spanien ist der Kopfsprung in den Strom westeuropäischen Lebens geglückt – es hat sich freigeschwommen.

Von Ort zu Ort

Es mag auf den ersten Blick kaum möglich scheinen, die lange Küste und das Inland mit seinen vielen historischen Städten in kurzer Zeit kennenzulernen – vor allem, wenn man ohne eigenes Auto reist. Doch die folgenden Routenvorschläge sollen es Ihnen leicht machen, alle wichtigen Sehenswürdigkeiten zu besuchen.

Die von uns vorgeschlagenen Besichtigungsfahrten beginnen in Alicante, weil es für alle Verkehrsmittel sehr zentral gelegen ist und Flugreisende dort ihren Aufenthalt an der Costa Blanca beginnen.

Von Alicante aus geht es an der Küste entlang nach Norden bis Gandía und nach Süden bis Cartagena, danach ins Landesinnere zu den historischen Städten Elche, Orihuela und Murcia.

Benidorm, der Hauptanziehungspunkt für viele Besucher, ist ein günstiges Sprungbrett für Ausflüge zu nahen Inseln wie die Isla de Benidorm oder malerischen Gebirgsdörfern wie Guadalest.

Der idyllische Küstenabschnitt südlich von Cartagena ist mit Bus oder Eisenbahn nicht leicht erreichbar. Wer, falls er nicht mit dem eigenen Wagen fährt, unzulängliche öffentliche Verkehrsmittel nicht scheut, wird die Schönheit unberührter Landschaft genießen können.

Bahnverbindungen

Auskunft über Fahrpläne und anderes erhalten Sie beim Informationsbüro der RENFE, Explanada de España, 1, Alicante (Tel.: 21 13 03).

Die Hauptstrecken sind: Valencia–Alicante–Cartagena; Alicante–Madrid; Alicante–

Hauptsehenswürdigkeiten

Auf einige der »musts« sollten selbst Costa Blanca-Urlauber im Zeitdruck keinesfalls verzichten. Die Qual der Wahl erleichtert folgende Liste zum »Abhaken«:

Alicante
Castillo de Santa Bárbara

Nordküste
Villajoyosa
Benidorm
Guadalest

Südküste
Cartagena
Mojácar

Inland
Elche
Iglesia de Nuestra Señora de Belén (Crevillente)
Kathedrale von Orihuela
Catedral de Santa María und das Museo Salzillo (Murcia)

Denia (Schmalspur, besonders schöne Strecke entlang der Küste); Cartagena–Murcia–Albacete–Madrid.

Busverbindungen
Busse sind billige, aber in der heißen Jahreszeit kaum bequeme Verkehrsmittel. Es gibt regelmäßige Verbindungen von Alicante nach Benidorm und nach Murcia, Denia und Alcoy.

Fragen Sie in kleineren Orten im Verkehrsbüro oder im Hotel nach den Abfahrtszeiten (meist ungefähr stündlich). Etwas größere Orte haben auch einen zentralen Busbahnhof. (Siehe auch ÖFFENTLICHE VERKEHRSMITTEL, S. 115.)

Die Hauptbushaltestelle in Alicante liegt in der Calle Portugal, 17 (Tel.: 220700).

Autostraßen
Die Hauptrouten sind:
N-340, Barcelona–Alicante–Murcia–Cádiz,
N-332, Valencia–Alicante–Almería (an der Küste),
N-330, Alicante–Albacete,
N-301, Cartagena–Murcia–Madrid.

Flugverbindungen
Es gibt Flüge von Alicante-El Altet zu den größeren Städten Spaniens, aber keine Regionalverbindungen.

Alicante

Wogende Palmen unter wolkenlosem Himmel und einige der besten Restaurants und Tapa-Bars Spaniens locken Besucher aus aller Welt in die Hauptstadt der Provinz Alicante. Das ganze Jahr über flaniert ein internationales Publikum auf der **Explanada de España,** der prachtvollen Uferpromenade, die am Hafen mit seinen Ausflugsbooten und Handelsschiffen vorüberführt. Man bummelt am Sonntag zu den Klängen des städtischen Orchesters den Paseo Marítimo entlang oder schlemmt in einem der Restaurants. Zum Baden lädt die Playa del Postiguet ein, die sich, weit und sandig, östlich an die Explanada anschließt.

Die breite **Rambla de Méndez Núñez,** die von der Explanada abzweigt, zieht schon morgens die Einkäufer an. Die Rambla geht in einen belebten Markt über und ist der Schauplatz weltlicher und kirchlicher Prozessionen, vor allem des berühmten Festzuges der Hogueras de San Juan alljährlich im Juni. In die Rambla (so heißen in Spanien die breiten, von Bäumen bestandenen Boulevards) mündet die Fußgängerzone der Calle Mayor ein, wo fliegende Händler ihre

Kugelschreiber, Uhren und Schmuckwaren anpreisen. Ein Steinwurf von hier liegt die Altstadt mit ihrer **Catedrál de San Nicolás de Bari**, die nach dem Bürgerkrieg restauriert wurde. Fassade und Mittelschiff sind eindrucksvolle Beispiele des strengen Stils von Juan de Herrera, der auch den Escorial bei Madrid schuf.

Gehen Sie durch die Calle Mayor über die ruhige Plaza Santa Faz zur Plaza del Ayuntamiento mit ihrer Münz- und Briefmarkenbörse (an Sonn- und Feiertagen). An diesem Platz liegt besagtes **Ayuntamiento** (Rathaus) mit seiner stattlichen Barockfassade. Es wurde im 18. Jh. von Lorenzo Chápuli, einem Baumeister aus Alicante, entworfen. Ein blankpolierter Messingbolzen auf der ersten Stufe der Haupttreppe zeigt die genaue Höhe von 3 m ü.d.M. an, es ist der amtliche spanische Normpunkt für Höhenmessungen. Die eingravierten Lettern N.P. bedeuten *nivel precisión:* exaktes Niveau. Die hübsche, rotbeschriftete Marmortafel ebenfalls auf dieser Treppe ist eine Nachbildung der alten Stadturkunde, die Alicante 1490 von Ferdinand V. von Aragon verliehen wurde.

Das Ayuntamiento birgt eine kleine Gemäldegalerie und eine Kapelle mit Kacheln aus Manises, einem Zentrum der valencianischen Keramikindustrie. Über dem Altar hängt ein Gemälde, das den hl. Nikolaus von Bari, den Schutzpatron Alicantes, darstellt. Im Salón Azul (Blauen Zimmer) sehen Sie Porträts der königlichen Familie aus dem 18. Jh. Ein

Iglesia de Santa María: Cherubim, Engel und Heilige in einem barocken Taumel.

Archiv enthält die Urkunden, mit denen Alfons X., der Weise, der Stadt im 13. Jh. ihre Sonderrechte verbriefte.

Wenn Sie ein kurzes Stück bergauf gehen, kommen Sie zur barocken Westfassade der **Iglesia de Santa María** (14. Jh.), die zwischen der Calle Mayor und der Calle Jorge Juan liegt. Die Kirche entstand wie viele andere während der Christianisierung des Landes, nachdem Jakob der Eroberer es durch seine legendären Schlachten im 13. Jh. von den Mauren befreit hatte, und steht an der Stelle einer früheren Moschee. Im angrenzenden **Museo de Arte del Siglo XX** können Sie Werke von Braque, Chagall, Giacometti, Picasso und vielen anderen modernen Malern bewundern. Es sind Schenkungen eines einheimischen Künstlers, Eusebio Sempere.

Hinter der Kirche liegt das kleine **Barrio de Santa Cruz**, das allein von der *villa vieja* oder Altstadt übriggeblieben ist. Trotz der Veränderung durch viele Neubauten sehen Sie noch bezaubernde enge Gäßchen mit schmiedeeisernen, blumengeschmückten Fenstergittern.

Von hier erblicken Sie das Wahrzeichen Alicantes: das historische **Castillo de Santa Bárbara** erhebt sich auf dem Berg

Kleiner Wegweiser

Ascensor	Aufzug
Autopista	Autobahn
Avenida	Avenue
Ayuntamiento	Rathaus
Barrio	Stadtviertel
Cabo	Kap
Calle	Straße
Carretera	(Haupt-)Straße
Castillo	Burg
Catedral	Kathedrale
Ciudad vieja	Altstadt
Correos	Postamt
Cueva	Höhle
Estación de ferrocarril	Bahnhof
Faro	Leuchtturm
Fortaleza	Festung
Iglesia	Kirche
Isla	Insel
Jardín	Garten, Park
Mercado	Markt
Muelle	Mole
Murallas	Stadtmauern
Museo	Museum
Oficina de Turismo	Fremdenverkehrsamt
Palmeral	Palmenhain
Paseo	Boulevard
Playa	Strand
Plaza	Platz
Plaza de toros	Stierkampfarena
Puerto	Hafen
Rambla	Boulevard
Río	Fluß
Ruinas	Ruinen
Sierra	Gebirge
Vía	Avenue
Rechts	*derecha*
Links	*izquierda*
Geradeaus	*todo derecho*

In Alicante, wo zwischen den Häusern immer wieder friedliche Obstgärten blühen, findet jeder einen Grund, zu lächeln.

Benacantil 180 m hoch über der Stadt. Schon seit prähistorischen Zeiten ist dieser Platz befestigt und umkämpft gewesen. Heute genießt man von hier aus herrliche Ausblicke auf Aitana, San Juan, Santa Pola, Benidorm und die Insel Tabarca. Das Kastell erreichen Sie über eine gewundene Straße oder mit dem Lift von Calle Juan Bautista Lafora aus, in der Nähe der Playa del Postiguet. Santa Bárbara, von den Karthagern im 3. Jh. v. Chr. angelegt, war so gut befestigt, daß es fast 2000 Jahre lang niemand anzugreifen wagte; erst als die Franzosen während des Spanischen Erbfolgekrieges im

Jahre 1707 einen Teil der Besatzung in die Luft gesprengt hatten, konnte es erobert werden.

Auf der gegenüberliegenden Seite der Stadt, im Barrio San Blas, liegt das kleinere **Castillo de San Fernando.** Es wurde im Spanischen Freiheitskrieg gegen Napoleon (1804–14) begonnen und hat kaum Kämpfe erlebt. Über den Baumwipfeln des kleinen **Parque Municipal** gelegen, ist es ein gern besuchter Aussichtspunkt, um Santa Bárbara und den Hafen im Licht des Spätnachmittags liegen zu sehen.

Das **Museo Arqueológico Provincial** in der Diputación (Abgeordnetenkammer) an der Avenida General Mola beherbergt eine Keramiksammlung mit einigen Stücken aus griechischer Zeit; Sie sehen auch Gefäße aus der Steinzeit und Armbänder aus Knochen, karthagische und griechische Schnitzereien und Gegenstände aus der maurischen Epoche.

Umgebung von Alicante

Außerhalb der Stadt liegt an der Autobahn nach Valencia das **Monasterio de Santa Verónica** (Kloster der hl. Veronika), wo alljährlich im Mai rund 15 000 Pilger und viel anderes Volk zusammenströmen. Man feiert dort das Fest Santa Faz (Heiliges Gesicht) und zieht in einer Prozession, bei der die Gläubigen Rosmarinbüschel tragen, zum Kloster, um das heilige Tuch zu verehren. Es soll den blutgetränkten Abdruck des Antlitzes Christi zeigen, seit die hl. Veronika dem Erlöser damit auf Golgatha den Schweiß trocknete.

Die Reliquie wurde in der Gegend von Alicante erstmalig 1489 verehrt. Als man sie über das Gelände des heutigen Klosters trug, soll das heilige Schweißtuch plötzlich so schwer geworden sein, daß man es nicht mehr halten konnte. Eine Träne fiel aus dem rechten Auge des Antlitzes. Die Gläubigen nahmen dies zum Zeichen, an dieser Stelle das Kloster zu erbauen, in dem sich die Reliquie seither befindet.

Auf der Explanada de España flaniert man unter Bäumen den Hafen entlang.

Costa Blanca – kein weißes Blatt

Zwei der hervorragendsten spanischen Schriftsteller dieses Jahrhunderts wurden im Hinterland der Weißen Küste geboren: José Martínez Ruiz (1873–1967) in Monóvar und Miguel Hernández (1910–42) in Orihuela.

Martínez Ruiz, der seine Bücher unter dem Namen AZORÍN veröffentlichte, war Mitbegründer der literarischen Gruppe »Generation von 98«. Zusammen mit Unamuno, Benavente und anderen Schriftstellern sollte er Spaniens Stolz – durch den Verlust Kubas und der Philippinen nicht wenig angeschlagen – einen neuen Geist einhauchen. *La Ruta de Don Quijote*, *Antonio Azorín* und *Das alte Spanien* zählen zu seinen bedeutendsten Werken.

MIGUEL HERNÁNDEZ besticht besonders mit seiner Lyrik, doch hat er auch für die Bühne geschrieben. Hernández wuchs im Armenviertel von Orihuela auf, und Gedichte wie *Viento del Pueblo* sind geprägt von Erinnerungen an den Existenzkampf »seiner« Oriolanos.

Was die sprachlichen Individualitäten von Azorín und Miguel Hernández verbindet, ist beider tiefempfundene Liebe zu Spanien und der Landschaft, in der sie lebten.

Ausflüge von Alicante

Die kleine flache Insel **Nueva Tabarca** liegt etwa eine Bootsstunde von Alicante entfernt.* Die Piraten gaben die Insel erst 1786 auf, und heute treffen Sie hier nur friedliche Fischer, meist Nachfahren der 600 Genueser Söldner, die Karl III. auf der tunesischen Insel Tabarca aus der Gefangenschaft gerettet hatte. Neuerdings finden die Fischer durch den Tourismus – der ihnen auch Priester und Lehrer beschert hat – ihr Auskommen, denn an Sonntagen ist die Insel von sonnenhungrigen Ausflüglern, meist Spaniern, bevölkert. Trotzdem werden Sie auch am Wochenende jenseits des Hauptstrandes eine idyllische Sandbucht für sich allein finden.

Fahren Sie zur Abwechslung einmal nach Norden in die felsige, mondähnliche Gebirgslandschaft des Cabeço d'Or. Hier liegen auch die **Cuevas de Canalobre** (Höhlen von Candelabrum), die Sie erreichen, wenn Sie der N-340 von San Juan de Alicante bis zur Abzweigung nach Busot folgen; von dort ab weisen Sie Schilder zu den Höhlen. Flutlicht beleuchtet die unheimlichen Stalaktiten und die Stalagmiten, die bis zu 100 m hoch wachsen. Die Akustik ist so gut, daß man hier im Sommer Konzerte aufführt.

Jijona, knappe 27 km auf der N-340 von Alicante entfernt, ist durch die Herstellung von *turrón* berühmt. Diese von den Mauren erfundene Leckerei wird aus geriebenen Mandeln, Orangenhonig, Eiweiß und Zucker fabriziert und in Spanien vor allem zu Weihnachten gegessen. Die flachen *turrón*-Tafeln sind sehr hart, es gibt aber auch eine weichere Variante, die ovale *torta de turrón* mit ganzen Mandeln und besonders viel Honig.

Sie können den Herstellungsprozeß dieses beliebten Konfekts studieren, wenn Sie die 1725 gegründete Fabrik El Lobo und ihr kleines Museum besichtigen.

Von Jijona aus fahren Sie auf der N-340 weiter bis in das 56 km von Alicante entfernte **Alcoy.** Seien Sie nicht enttäuscht, eine graue Industriestadt zu finden – hier und nirgendwo sonst in Spanien werden die begehrten *peladillas*, mit einer dicken Zuckerschicht überzogene Mandeln, hergestellt. Wenn Pinienkerne der

---
* Die Boote von Alicante und Santa Pola (halbe Fahrzeit) fahren von Mitte April bis Oktober täglich, außerhalb der Saison nur sonnabends und sonntags.

Kirchenkuppeln und -türme, Sonnenglast und einfache Bauformen lenken in Alcoy vom süßen Geheimnis des Städtchens ab – Peladillas!

gleichen Behandlung unterzogen werden, nennt man sie *pinyonets*.

Alcoy ist für sein rauhes Klima und seine gelegentlichen Schneefälle bekannt, aber seine Menschen gelten als freundlich. Die alljährliche Fiesta der Moros y Cristianos (Mauren und Christen) bestrickt durch die farbenfrohen Kostüme und das lebhafte Mienenspiel aller Beteiligten. Wenn Sie die Fiesta nicht miterleben, können Sie die Ausstellung der Kostüme im Casal de San Jordi aus dem 18. Jh. ansehen.

Das benachbarte **Museo Camilo Visedo** enthält eine faszinierende Sammlung iberischer Tonskulpturen, die aus dem nahegelegenen Poblado de la Serreta stammen. Falls Sie die Fundstelle besichtigen wollen, fahren Sie auf der C-3313 die steile, schwierige Bergstrecke in die Serreta hinauf.

Von IBI an werden Sie schon aus weiter Entfernung zahllose Burgen und Kastelle ent-

decken. Römer, Mauren und Christen haben sie an strategisch wichtigen Punkten zur Verteidigung errichtet.

Die Burg CASTALLA, die die Straße Ibi–Villena überblickt, liegt so romantisch wie wenige Schlösser in Spanien. Die Herzöge von Castalla begannen den Bau, ohne ihn vollenden zu können. Noch weiter an der Straße nach Villena liegt das runde Kastell von BIAR, das von den Mauren stammt und recht gut erhalten ist. Es steht unter Denkmalschutz und ist sowohl von außen als auch innen interessant, besonders die gewölbte Decke im Oberstock.

Sie fahren nun weiter nach VILLENA, dem 64 km entfernten Endpunkt dieses Ausflugs von Alicante. Seine **Festung** mit den doppelten Mauern und ihrem hohen, von acht Türmchen gekrönten Bergfried wurde ursprünglich von den Mauren gebaut und im 15. Jh. ergänzt. Im Ayuntamiento (Rathaus) können Sie den herrlichen **Schatz** aus der Bronzezeit bewundern, den man in einem Tonkrug im Flußbett gefunden hat. Die Schmuckgegenstände aus Gold und Edelsteinen zeugen von der Kunstfertigkeit der frühen Bewohner Villenas.

Wenn Sie von Villena aus auf der N-330 nach Süden fahren, kommen Sie nach SAX, dem römischen Saxum. Die Türme des auf einer Klippe gelegenen und völlig restaurierten römischen Kastells bieten heute wie damals einen weiten Rundblick. Bald kommen Sie (weiter auf der N-330) zum maurischen Kastell von PETREL, unter dessen Mauern

Das Kastell von Sax, ein Bauwerk, das den wütendsten Angriffen standhielt, zeugt vom einstigen Machtanspruch Roms.

Ein Schloß in Spanien ...
An der Costa Blanca liegt ein Großteil der 5000 amtlich registrierten Schlösser Spaniens. Christen und Mauren kämpften hier 700 Jahre lang um den Besitz vieler Kastelle, die je nach Kriegsglück ihre Eigentümer wechselten.

Jedes von ihnen hat seine eigene Geschichte und historische Bedeutung. *Alcazabas* sind Festungen, die von Mauren an einsamen Orten gebaut wurden. *Castillos guerreros* heißen dagegen die Burgen, welche die Christen an strategisch wichtigen Punkten errichteten. Ferner gibt es die *alcázares*, schloßartige Zitadellen. Einige maurische *alcázares* sind noch in der einstigen Pracht ihrer Gärten, Wasserspiele und Brunnenbecken erhalten.

Träumen Sie von einem Schloß in Spanien? Die *Asociación de Amigos de los Castillos*, die im romantischen Kastell Santa Bárbara von Alicante ihren Sitz hat, sorgt für die Erhaltung alter Burgen. Sie vermittelt auch den Verkauf an private Interessenten – zu Liebhaberpreisen.

märchenhafte Schätze vergraben sein sollen.

Auch an der C-3212 nach ELDA und darüber hinaus in MONÓVAR sieht man verfallene Burgen aus dem Mittelalter. Elda ist für seinen ausgezeichneten Wein und seine Spitzenmanufaktur bekannt. Es ist auch die Geburtsstadt des Schriftstellers José Martínez Ruiz, der unter dem Namen Azorín (siehe S. 29) berühmt wurde. Nach einem Spaziergang durch Elda folgen Sie den Schildern nach NOVELDA, wo ein weiteres Maurenkastell auf einem Berg liegt. Das **Castillo de la Mola** wurde an der Stelle eines römischen Forts errichtet und hat einen ausgefallenen dreieckigen Turm aus dem 13. Jh. Direkt daneben überrascht Sie ein merkwürdiger Anblick: eine kleinere Kopie von Gaudís unvollendetem Templo de la Sagrada Familia in Barcelona.

Wer noch nicht genug Kastelle »gesammelt« hat, findet ein weiteres in dem wenige Kilometer entfernten ASPE. Einheimische werden Ihnen den Weg zu *las ruinas* zeigen, wo Sie nach Überresten aus römischer und maurischer Zeit Ausschau halten können. Danach machen Sie sich auf den Rückweg nach dem 28 km entfernten Alicante.

An der Küste nach Norden

Es ist der Nordabschnitt der Küste, welcher der Costa Blanca ihren Ruf als Sandstrand-Eldorado eintrug. Fahren Sie auf der N-332 von Alicante aus zunächst durch CAMPELLO, die Stadt, in der fast alljährlich der Miss-Spanien-Wettbewerb stattfindet, zum kleinen Fischerhafen **Villajoyosa**. Dieses malerische Dorf, rund 30 km von der Provinzhauptstadt entfernt, ist noch ursprünglich und »spanischer« als sein internationaler Nachbar Benidorm. Wenn Sie durch die engen Gäßchen der Altstadt schlendern, sehen Sie von der Sonne gebleichte Häuserfassaden in unnachahmlichen blauen, gelben und rosa Tönen. Die Tür- und Fensterrahmen sind strahlend weiß, tiefschwarz die schmiedeeisernen Gitter und grün die Jalousien. Eine gedrungene gotische Kirche krönt das Ganze wie ein Diadem. Villajoyosa heißt wörtlich »Juwelengeschmückte Stadt«.

La Vila, wie es von seinen Freunden genannt wird, ist stolz auf seine Andenken aus römischer, maurischer und westgotischer Zeit und auf die älteste ... Schokoladenfabrik Spaniens. Hauptattraktion ist jedoch seine turbulente Fiesta der Mauren und Christen mit ihren barbäuchigen, schwarzäugigen »Sklavinnen« und schwadronierenden »Korsaren«. In der letzten Juliwoche paradieren und kämpfen viele der 16000 Einwohner von Villajoyosa in phantasievollen Kostümen – *los piratas, los tuareg* und *los moros del Rif* – und erleben dabei noch einmal den Sieg über den verhaßten algerischen Piraten Zala Arráez, der durch seinen Überfall von 1538 das Schauspiel ins Leben rief.

Wer es fertigbringt, sich die sieben Tage der Fiesta auf den Beinen zu halten, kann sich *els Pollosos,* »den Lausigen«, anschließen und als Mitglied dieser Gruppe an dem historischen maurischen Überfall teilnehmen, der annähernd authentisch dargestellt wird. Der Kanonendonner, das Theaterspiel und die Kapriolen von Darstellern und Zuschauern versetzen den Ort in einen fieberhaften Taumel.

Benidorm, Star unter Spaniens Ferienorten, liegt 12 km von Villajoyosa entfernt. (Unterwegs läßt das Costa Blanca-Kasino Spielerherzen höher schlagen.) Die Geschichte vom kometenhaften Aufstieg dieses Fischerdorfes und eine Beschreibung lesen Sie auf S. 45.

Altea, 10 km von Benidorm, war ein bedeutender phönizischer Hafen. Die Mauren nannten es Altaya, »Gesundheit für alle«, nachdem sie die erste Ansiedlung zerstört und die Stadt neu aufgebaut hatten. Altea ist eine der bemerkenswertesten und – was einer vernünftigen Stadtplanung zu verdanken ist – friedlichsten Städte Spaniens. Man findet hier mehr kleine Bungalows als Hotelblocks, und der hübsche Wochenmarkt, der jeden Dienstag auf der Uferstraße abgehalten wird, ist wohltuend nach der Monotonie der Supermärkte.

Die Hauptgeschäftsstraße, Avenida Fermín Sanz Orrio, steigt in 257 Stufen zur Altstadt hinauf. Hier wimmeln die Gassen fast ständig von einem nicht alltäglichen Publikum, das sich in den Bars und Restaurants trifft, denn Altea beherbergt einige Kunstgalerien und eine bekannte Künstlerkolonie.

An Fiestas und Sonntagen wird nachmittags in den engen Gassen um die Kirche von Altea *pelota* gespielt. Bei diesem baskischen Spiel schleudert man den Ball mit enormem Schwung gegen Mauern, Türen und Fenster, die, im Gegensatz zu den Zuschauern, durch Gitter geschützt sind.

Den besten Strand der Umgebung, wo es fast nur Kieselstrände gibt, finden Sie auf einem Ausläufer der Sierra Helada bei ALBIR im Süden.

Calpe ist wegen seiner beiden schönen Sandstrände beliebt. Das ehemalige Fischerdorf (12 km von Altea) sonnt sich am Fuß des **Peñón de Ifach,** eines steilen vulkanischen Felsens, der über 300 m hoch aus dem Meer aufragt.

Um dieses Wahrzeichen der Costa Blanca zu erklimmen, brauchen Sie kein Alpinist zu sein. Bewundern Sie beim Aufstieg die wilden Blumen, und, sollten Sie im Herbst oder Winter hier sein, die seltene Silbermöwe mit ihren olivgrünen Beinen und dem roten, schwarzumrandeten Schnabel. Nehmen Sie eine Strickjacke und etwas zu trinken mit!

Nehmen Sie sich Zeit, der Küstenstraße von Calpe aus nach MORAIRA zu folgen, dessen Wohnhäuser und Villen von den Terrassen der felsigen Berghänge hinabschauen. Oder fahren Sie auf der Hauptstraße Alicante–Valencia durch fruchtbare Äcker und Gärten nach GATA DE GORGOS

Die kunstvollen Ziegeldächer von Altea entstammen einer anderen Epoche.

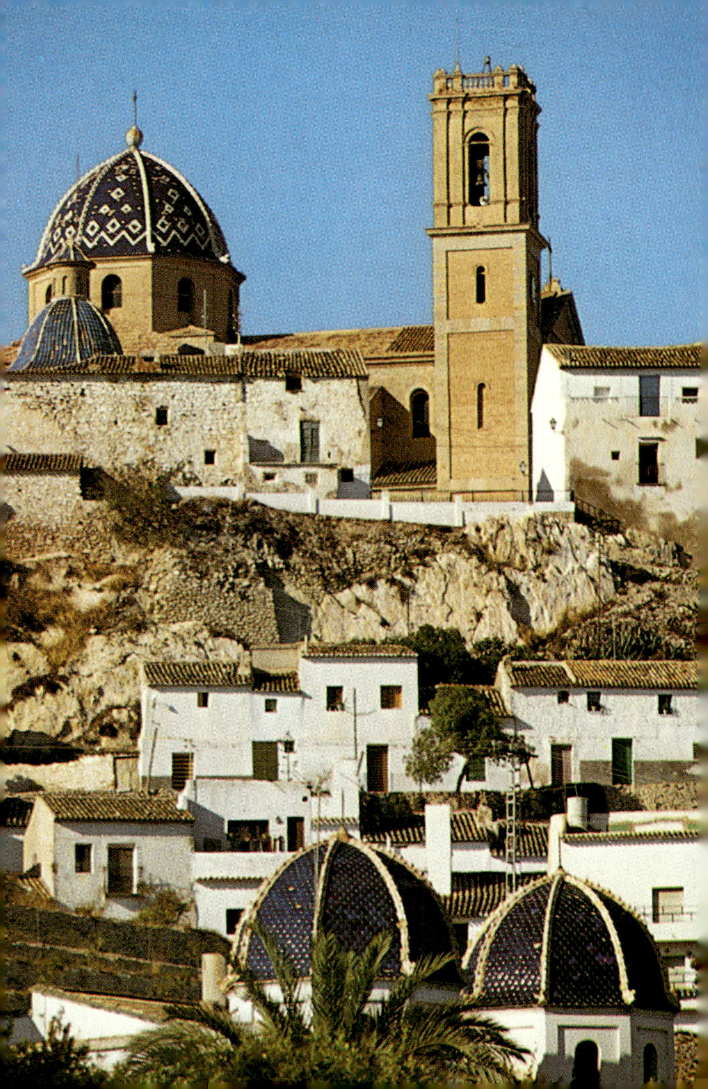

– das wegen seiner Korbflechtereien bekannt ist – und nach dem ländlichen Jávea.

Jávea, 27 km von Calpe, breitet sich zwischen dem pinienbewachsenen Kap Nao im Süden unnd dem Kap San Antonio im Norden aus. Es ist der ideale Ort für einen ruhigen Familienurlaub, besonders im Frühling, wenn Apfelsinen und Zitronen blühen. Die Zitrusfrüchte wurden zur Haupterwerbsquelle dieser Gegend, nachdem man den Getreideanbau, von dem noch einige aus dem 17. Jh. stammende Windmühlen am Kap San Antonio zeugen, aufgegeben hatte. Jávea besitzt außer beneidenswert sauberer Luft auch ein sehenswertes Museo Histórico y Etnográfico mit einer bedeutenden Sammlung iberischer Funde aus der Sierra Montgó und zwei sehr verschiedene Kirchen – eine Wehrkirche aus dem frühen 16. Jh. und ein modernes Gebäude in Form eines Schiffes.

Nur 10 km von Jávea entfernt liegt **Denia** mit seinen langen Sandstränden und idyllischen Buchten, seiner beherrschenden Burg und dem 760 m hohen, besteigbaren Montgó. An klaren Tagen kann man vom Gipfel bis zum 100 km entfernten Ibiza sehen. Im Altertum suchten die Phönizier in Denia vergeblich nach Bodenschätzen, und die Griechen gründeten später einen Hafen. Heute ist Denia eine aufstrebende Industriestadt, die vor allem Rosinen produziert. Ihr Name stammt von einem römischen Diana-Tempel, dessen Überreste im Ayuntamiento (Rathaus) zu besichtigen sind. Gleich östlich von Denia liegt die Cueva de Agua Dulce (Süßwasserhöhle) mit ihren beiden Seen. Im benachbarten

Die Klippen des Peñón de Ifach sind nicht leicht zu übersehen. Verpassen Sie auch die schmiedeeisernen Fenstergitter nicht.

schen **Palacio de los Duques** (Palast der Herzöge) nicht gesehen zu haben. Das Schloß ist die Geburts- und Wohnstätte des hl. Franziskus Borja (1510–72), des zweiten Herzogs von Gandía, der nach dem Tode seiner Frau der Welt entsagte und in den Jesuitenorden eintrat. Der Palast, heute ein Jesuitenkolleg, ist für Besucher geöffnet, Führungen finden jede volle Stunde statt.

Ausflüge von Gandía

Von Gandía führt die C-320 und später die C-322 durch Orangenhaine, Weingärten und eine langsam ansteigende Landschaft ins Innere nach **Játiva** (auf manchen Straßenschildern liest man auf *valenciano* »Xativa«). Diese Stadt der tausend Springbrunnen und hohen Platanen wurde wahrscheinlich 219 v. Chr. von Hannibal gegründet. Hier stellte man im 11. Jh. das erste Papier in Europa her und erfand im Jahre 1800 eine spanische Kurzschrift. Der Maler José de Ribera und zwei Päpste, Calixtus III. und Alexander VI., stammen aus Játiva. Die Päpste gehörten der Familie Borja an, den berühmten und berüchtigten Borgias der Renaissance.

Gehen Sie zur **Colegiata** (Stiftskirche), einem Spätre-

VERGEL finden Sie als Abwechslung von Sonne, Sand und See den **Safari Park Vergel** mit unzähligen Tieren, einer Delphin-Schau, einem Kinderspielplatz – und willkommenen Erfrischungsständen und Restaurants.

Gandía (32 km nördlich von Denia auf der N-332) verlockt zum Flanieren auf breiten Promenaden und zum Träumen an 12 km langen Sandstränden. Doch wäre es unverzeihlich, den stillen, majestäti-

naissancebau an der Calle de la Puerta de Santa Tecla. Direkt gegenüber sehen Sie das **Hospital,** das in einem ehrwürdigen Alter noch seinen Dienst versieht. Seine herrliche Fassade aus dem 16. Jh. ist ein Beispiel für den typisch spanischen Platereskenstil. Nehmen Sie sich Zeit für das gut eingerichtete **Museo Municipal** (Stadtmuseum) an der benachbarten Calle José-Carchano. Unter seinen Schätzen befindet sich die **Pila de los Moros,** ein

In Játiva gibt es tausend Brunnen. Links: Unverdrossen repariert mancher Fischer zum tausendstenmal seine Netze.

mit Figuren dekoriertes Bekken. Dies ist eine Rarität in der arabischen Kunst, denn der Koran verbietet die bildliche Darstellung von Menschen und Tieren.

Außerhalb der Stadt können Sie, direkt oberhalb der **Ermita de San Feliú** (Klause des hl. Felix), einen weiten Rund-

Bocairente zieht sich auf Terrassen den Hang hinauf.

blick genießen. Die Einsiedelei, Fluchtburg der Christen seit dem 3. Jh., war lange Zeit davor eine heidnische Opferstätte. Fahren Sie nun bergauf weiter bis zu einer Festung, die eigentlich aus zwei nahe beieinanderliegenden turmbewehrten Kastellen besteht: dem kleineren, vorrömischen **Castillo Menor** (Kleines Schloß) und dem römischen und nachrömischen **Castillo Mayor** (Hauptschloß), dessen Kerker berüchtigt war. Erlauchte Gefangene schmachteten dort und suchten in der angrenzenden Kapelle aus dem 15. Jh., die heute auch verfallen ist, ihren Trost. Zahlreiche Räume des Kastells sind zu besichtigen.

Sie verlassen Játiva auf der C-340 und fahren ins Gebirge hinauf, wo wollige Schafe und einsame Bauernhöfe die

Landschaftskulisse beleben. In ALBEIDA werden Kerzen hergestellt, ONTENIENTE ist eine Industriestadt, und **Bocairente** bezaubert durch seine engen Gassen und alten Häuser, deren Balkons und Fensterbretter von bunten Blumen überquellen. Falls Sie einen Esel durch ein Fenster im vierten Stock lugen sehen, glauben Sie nicht, der gute Tischwein sei schuld: in der Parallelgasse sind Sie mit ihm »auf gleichem Niveau«. Lustig geht es Ende August/Anfang September hier beim traditionellen Volkstanz-Festival zu. Sehenswert ist auch eine Corrida in der düsteren Arena, die von örtlichen Aficionados aus dem Fels herausgehauen wurde. Bocairente, eine Stadt von nur 5000 Einwohnern, hat zwei beachtliche Museen: das Museo Histórico wird wegen seiner Sammlung steinzeitlicher Keramiken geschätzt, und im Museo Parroquial (Pfarrmuseum) hängen bedeutende Gemälde von Juan

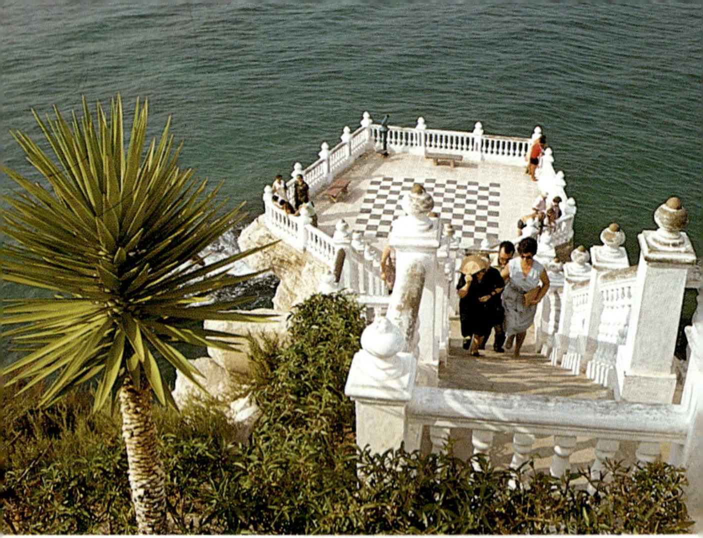

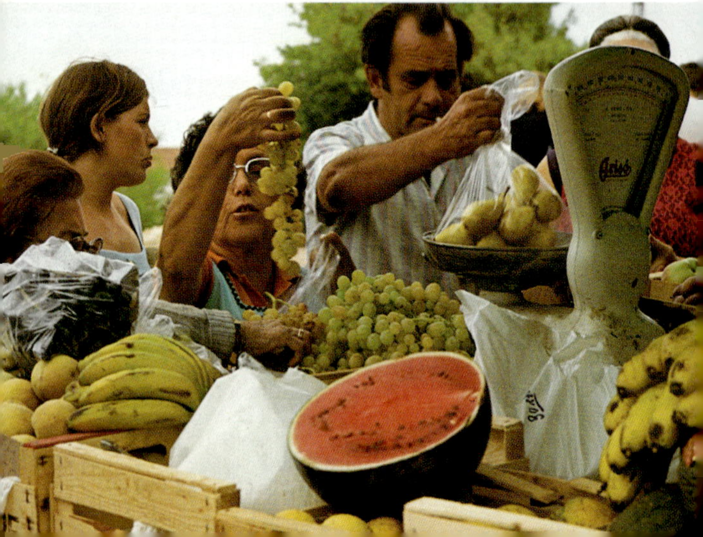

de Juanes, Ribalta und Sorolla. Sie können auch iberische Höhlengräber in den nahegelegenen Bergen besichtigen, die von den Einheimischen Covetes de Moros (Maurenhöhlen) genannt werden. Einige dienten einst frommen Eremiten als Behausung.

Benidorm

Zwei Strände mit 10 km goldgelben Sandes und ein traumhaftes Klima – kein Wunder, daß Benidorm einer der meistbesuchten Urlaubsorte Spaniens ist! Es hat lange genug darauf gewartet, seit vor hundert Jahren ein gewitzter Unternehmer regelmäßig seine Kutschwagen rollen ließ, um Besucher anzulocken. Sie kamen erst in den sechziger Jahren, dann aber mit Macht und in der gleichen Intensität, mit der die Hotelhochhäuser und Apartmentblocks aus dem Boden schossen. Im Sommer geht es hier wie in einer mittleren Großstadt zu.

Geliebtes, gehaßtes Benidorm! Dieser Ort ist wahrhaft international, er bewirtet uns mit Ham-and-Eggs, Sauerkraut, Smörgåsbord, Rösti und »tea like mother makes it« und beglückt uns mit Bars, Cocktail-Lounges, exklusiven Restaurants, modernen Hotels, Diskotheken und Nightclubs. Ob er sich noch an seinen Namen erinnert, der auf *valenciano* nichts anderes als »Schlaf gut« heißt?

Die reizende **Altstadt** drängt sich auf der Felszunge zusammen, die beide Strände trennt. Bis 1812 stand hier ein Fort, das Briten und Spanier in die Luft sprengten, als sie die Franzosen im spanischen Unabhängigkeitskrieg hinauswarfen. Im Umkreis des historischen Dorfkerns konzentrieren sich Läden und Lokale – was nicht heißt, daß man hier am günstigsten einkauft.

Was ist gefällig? Go-Karting, Bowling, eine Delphin-Show, ein Besuch mit einem der beiden Rummelplätze oder der Becken und Rutschbahnen von Aqualand? Möchten Sie vielleicht einem mittelalterlichen Turnier zuschauen, dabei ein Brathähnchen verzehren und danach das Tanzbein schwingen? Internationale Stars brillieren beim Benidorm Song Festival. Und die ganze Saison über gibt es *die* Attraktion: das andere Geschlecht in allen Spielarten und Nationalitäten.

Aussichtsplattform und Markt sind erst zwei Aspekte von Benidorm.

Die **Isla de Benidorm,** eine keilförmige Felsinsel, die man vom Strand aus sehen kann, ist als eine Art Vogelschutzgebiet bis auf eine Erfrischungsbar unbesiedelt. Hier läßt es sich gut picknicken und im tiefen Wasser schwimmen. Boote fahren von Benidorm in 40 Minuten jeweils hin und zurück.

Ausflüge von Benidorm
Im Gebirge, das Sie von Benidorm aus am Horizont sehen, duftet es nach Würzkräutern und Lavendel, und im Juli und August hängen die Hecken voller Brombeeren – die selten von den Einheimischen gepflückt werden. Fahren Sie auf der Landstraße nach Villajoyosa und biegen Sie dort nach Sella ein. Die Strecke ist wenig abwechslungsreich, bis Sie plötzlich auf das smaragdgrüne Wasser des Amadorio-Stausees hinabblicken, wo Angler sich vergnügen und stille Genießer picknicken. Dann wird es steiler, und nach weiteren 5 km erreichen Sie das Dorf SELLA, das unterhalb eines beeindruckenden Hochplateaus liegt.

Von Sella an windet sich die

Die Burg von Guadalest, einst uneinnehmbar, öffnet ihre Tore heute dem Besucherstrom.

Straße durch Terrassenhänge mit Reben bis zum höchsten Punkt bei PUERTO DE TUDÓNS (1020 m) hinauf. Nach weiteren 8 km über eine Nebenstraße gelangt man nach PENÁGUILA, einem malerischen alten Maurendorf mit einer Burgruine.

In BENASAU stößt die Straße ab Sella auf die C-3313. 16 km westlich liegt Alcoy (siehe S. 30-31), östlich geht es nach CONFRIDES, einem einladenden Bergstädtchen.

Rund 10 km weiter östlich kommt man nach **Guadalest,** dem berühmten »Adlerhorst« der Costa Blanca. Die vor 1200 Jahren von den Mauren erbaute Festung ist allein durch einen Tunnel zu erreichen, der 15 m durch gewachsenen Fels geschlagen wurde. Begreiflich, daß Guadalest nie erstürmt, sondern während der Reconquista von Jakob I. nur durch Belagerung genommen werden konnte. Die Burg trotzte sowohl einem Erdbeben (1644) als auch dem Versuch des Erzherzogs Karl von Österreich, sie im Spanischen Erbfolgekrieg in die Luft zu sprengen. Sie ist so eng, daß der Bergfried außerhalb steht und der alte Friedhof winzig ausfiel.

Die Straße führt weiter zur kleinen Stadt CALLOSA DE ENSARRIÁ, dem Honigzentrum.

Sie können die vielen Sorten kosten und kaufen. Wenn man links in die Straße nach Parcent einbiegt, kommt man nach 2,5 km zu den **Wasserfällen von El Agar,** wo am Fuß der Sierra Bernia ein Nebenfluß des Guadalest schäumend herabstürzt. Gehen Sie zu Fuß zu den 25 m hohen Fällen. Wie wär's mit einem Bad im kühlen Wasser unterhalb der Fälle und danach mit einem Picknick oben an den Teichen? In dieser Umgebung kann man leicht der Menge entfliehen. Wer mag, findet Gesellschaft in den Restaurants beim Parkplatz, es sei denn, er unternimmt einen »Erkundungsritt« auf einem der buntgezäumten Esel.

Der nächste Halt ist TÁRBENA (10 km weiter auf der C-3318), berühmt für seine köstlichen Würste. Das Rezept wurde den Leuten von Tárbena durch ihre Vorfahren aus Mallorca überliefert, die man im 17. Jh. hier ansiedelte.

Nach Tárbena kommt der landschaftliche Höhepunkt: Berge mit kühn vorspringenden Terrassen, weite, sanft geschwungene Täler und einsame Gehöfte, die nur Maultierpfade verbinden. Der Frühling bedeckt das Land mit dem weißrosa Schleier der Mandelblüten, aber auch zu anderen

Ein perfekter Ferientag könnte gut mit einem eisigen Bad im Wasserfall von El Algar oder mit einem erholsamen Spaziergang bei Tárbena gekrönt werden.

Jahreszeiten genießt man die Fahrt durch Haine mit knorrigen Oliven, deren Blätter silbrig im Abendlicht flimmern. Der COLL DE RATES liegt 540 m über der weiten, mit Wein und Orangen bestandenen Ebene, die sich bis Jávea, Denia, Gandía und zum tiefblauen Mittelmeer hinzieht. Wenn sie im Spätsommer kurz hinter dem Paß rechts abbiegen und die Straße nach Jalón hinabfahren, begegnen Sie Bauern, die Muskattrauben feilbieten. Die *bodega* von Jalón keltert jährlich 1 500 000 Liter Wein, genug, um den Durst vieler Touristen zu löschen.

Nach 16 km erreichen Sie nördlich von Calpe die Autobahn Valencia–Alicante.

An der Küste nach Süden

Der kleine Hafen **Santa Pola** (18 km südlich von Alicante an der N-332) hat für seine Größe beachtlich viele Restaurants. Die Gewässer sind besonders reich an Krebsen und Seebarben, so daß man am Hafen und im Ort die besten Fischgerichte an der Küste bekommt. Es gibt ein Kastell aus dem 14. Jh. und mehrere Strände mit feinem weißem Sand.

Tausende von Pinien, Palmen und Eukalyptusbäumen, die zur Befestigung der Wanderdünen angepflanzt wurden, spenden Schatten an den Stränden von **Guardamar del Segura** (weitere 17 km südlich auf der N-332), einem bedeutenden Fischereizentrum. Die in diesen Gewässern häufig vorkommenden Langusten sind eine Spezialität der Restaurants am Ort. Nun führt die Straße an den Salinen von LA MATA entlang und erreicht nach 15 km Torrevieja.

Der längst verschwundene »alte Turm«, nach dem **Torrevieja** benannt ist, wurde durch einen neuen ersetzt. Das Geld für den Bau spendeten aus Torrevieja ausgewanderte Bürger aus Anhänglichkeit an ihre Vaterstadt. Die langen Sandstrände dieses Badeortes liegen nahe bei den Salinen der ältesten Salzindustrie Europas. Wenn Sie den riesigen Salzberg besichtigen wollen, der aus den Salinen von La Mata und Torrevieja stammt, brauchen Sie einen Passierschein von der Nueva Compañia Arrendataria de las Salinas de Torrevieja S.A. am Südende des Hauptplatzes am Hafen.

Im August vibriert Torrevieja von den Klängen des Habanera-Festes. Der lebhafte, melodische Gesang wurde im 19. Jh. von Salzhändlern aus Kuba mitgebracht. Es finden Musikwettbewerbe, Konzerte und Shows von führenden, oft internationalen Orchestern mit all dem fröhlichen Trubel einer Fiesta statt.

Im anschließenden Verlauf der Küstenstraße bilden LA ZENIA, CABO ROIG und CAMPOAMOR im Sommer ein beliebtes Ferienzentrum.

Weitere 10 km südlich liegt eines der Naturwunder der Costa Blanca: das **Mar Menor**, eine Salzwasser-Lagune, die vom Meer durch zwei Landzungen, genannt La Manga, getrennt ist. Die etwa 200 km² große flache Lagune ist ruhiger und salziger als das Mittelmeer und meist einige Grade wärmer, und bei milder Sommertemperatur weht dort stets

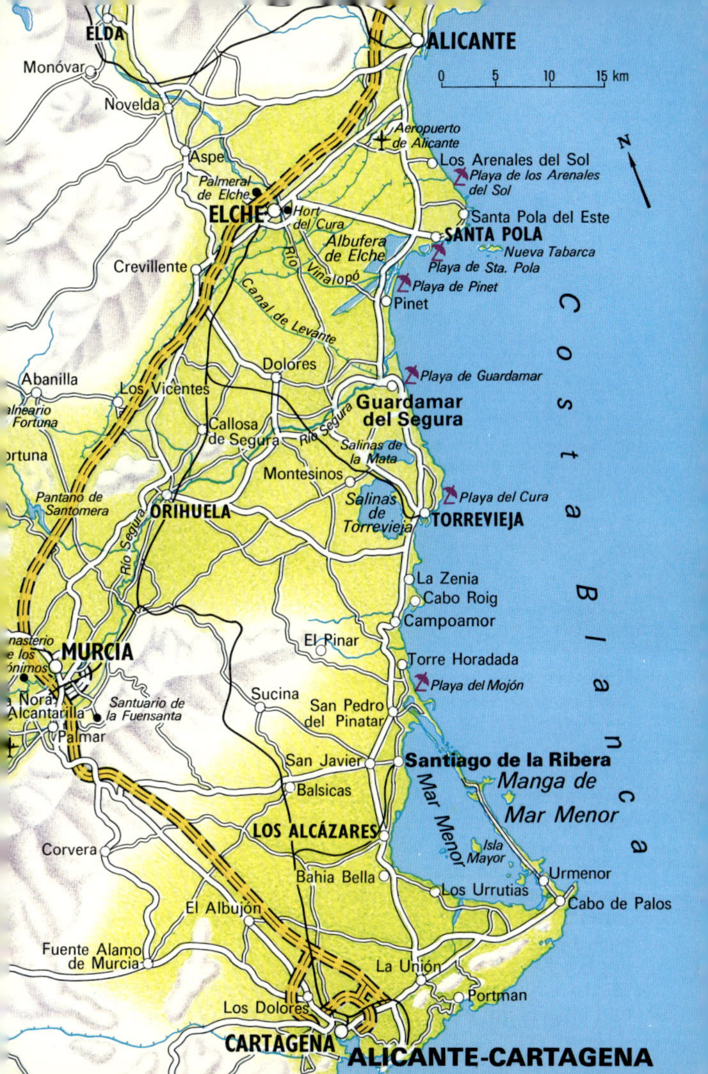

ALICANTE-CARTAGENA

Fischer, Angler, Golfspieler finden von Denia bis La Manga ideale Voraussetzungen vor.

eine laue Brise. Das Wasser ist reich an Mineralsalzen.

Am Mar Menor sind Sie mitten in einem Sportlerparadies, ob Sie nun segeln, windsurfen, tieftauchen oder wasserskifahren wollen. Wer die Jagd liebt, kann auf der Isla Mayor Fasane, Rebhühner und Wachteln schießen. Zur Wildvogeljagd muß man sich voranmelden. Sie haben Gelegenheit zum Tauben- oder Tontaubenschießen und gute Möglichkeiten zum Tennisspielen. Der Golfplatz – besät mit Kentucky blue-grass! – hat zwei Anlagen mit je 18 Löchern, und der örtliche Golfklub verleiht Ausrüstungen.

La Manga hat sich zu einem Ferienzentrum entwickelt, dessen 22 km langer Sandstrand von Hotelhochhäusern gesäumt wird. Außerdem besitzt es eines der Spielkasinos der Costa Blanca, das Azar Menor. An der Landseite der Lagune liegen die kleineren aber recht lebhaften Ferienorte SANTIAGO DE LA RIBERA und LOS ALCÁZARES, die von den Angehörigen der Luftwaffenschule in SAN JAVIER frequentiert werden.

Cartagena (26 km südlich von Los Alcázares an der N-332) war ein bedeutender Kriegshafen, lange bevor der Jünger Jakobus der Überlieferung nach im Jahre 36 n. Chr. mit der Guten Botschaft dort landete. Römer, Westgoten und Mauren kämpften um diese strategisch wichtige Stadt. 1588 wurde sie von dem englischen Entdecker, Seehelden und Nobelpiraten Sir Francis Drake geplündert und 1707 von Erzherzog Karl erobert.

Um Parkproblemen aus dem Weg zu gehen, fahren Sie am besten gleich zur großen, am Hafen gelegenen **Plaza del Ayuntamiento.** Die riesige graue Zigarre, die Ihnen ins Auge fällt, ist ein U-Boot, Marke Jules Verne, das von einem Konstrukteur aus Cartagena gebaut und 1888 vom Stapel gelassen wurde.

In der Fußgängerzone der Calle Mayor nördlich der Plaza erfrischt man sich gerne in einem Straßencafé, bevor man zum höchsten Punkt der Stadt, dem **Castillo de la Concepción**, hinaufsteigt. Der schöne Aussichtsplatz ist von den Anlagen des Parque de las Torres umgeben. Der recht harmlos wirkende Leuchtturm römischen oder maurischen Ursprungs hat manches Schiff auf dem Gewissen: wenn es sich in feindlicher Absicht näherte, wurde das Licht gelöscht.

Ein Blick über die fast geschlossene Hafenbucht erklärt, warum der genuesische Admiral Andrea Doria im 16. Jh. behauptete, das Mittelmeer habe nur drei sichere Häfen: »Juni, Juli und Cartagena«. Ebenso versteht man, warum Cartagena die »Stadt der Kastelle« genannt wird. Fast jede Anhöhe hat ihre Burg: Im Nordosten, jenseits der Stierkampfarena,

Eine steife Brise, die das Segel bläht, erfüllt dem Windsurfer den sehnlichsten Ferienwunsch.

liegt ein maurisches Fort; nicht weniger als vier verfallene Festungen schützten einst die Hafeneinfahrt; und zwei gut erhaltene Zitadellen – Atalaya und Galeras – bewachen das für die spanischen Streitkräfte lebenswichtige Arsenal zur Seeseite hin.

Unmittelbar westlich des Castillo sehen Sie die Ruinen der **Iglesia de Santa María Vieja** aus dem 13. Jh. Das romanisch wirkende Portal ist zwar eine Rekonstruktion aus dem 19. Jh., aber die römischen und byzantinischen Säulen sowie der römische Mosaikfußboden sind echt. Beachten Sie in der angrenzenden Calle del Cañon den **Brunnen** mit den verwitterten Seilspuren, die den hl. Isidor, das jüngste Kind eines Westgotenherzogs aus dem 6. Jh., veranlaßten, sich über die Tugend der Standhaftigkeit zu verbreiten.

Recht weit müssen Sie zu dem nordwestlich gelegenen kleinen **Museo Arqueológico** gehen. Seine römischen Minenwerkzeuge dienten im Altertum dazu, das Bergwerk bei La Unión im Hinterland auszubeuten. Noch heute wird hier Blei gefördert und, wie damals, im Hafen von Cartagena verschifft.

Das Südende der Costa Blanca jenseits von Cartagena

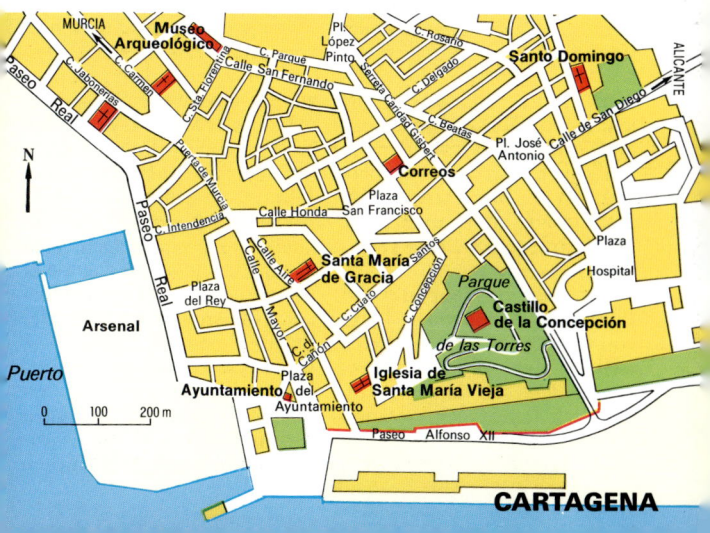

Mojácar hat ein Geheimnis – das Indalo – und den Charme seiner Häuserwürfel.

wird nun erschlossen, ist jedoch von Reiseveranstaltern und Grundstücksmaklern noch weitgehend verschont geblieben. Wer hier zeltet, findet Einsamkeit – abseits der Hauptstraße aber wenig Trinkwasser.

Der erste Haltepunkt ist **Puerto de Mazarrón,** 34 km von Cartagena entfernt. Seine vielfach noch »wilden« Strände werden seit langem von Spaniern aufgesucht – nun kommt auch das restliche Europa. **Aguilas** – weitere 52 km südlich –, eine Stadt mit über 18 000 Einwohnern, ist schon von fern an seinem Kastell aus dem 16. Jh. zu erkennen. Hier gibt es eine weite Sandbucht mit dem felsigen CABO COPE im Norden. Im Süden locken Strände, wo man das ganze Jahr über zelten kann.

Die N-332 wendet sich nun landeinwärts und erreicht nach 32 km die Kleinstadt **Cuevas de Almanzora.** Sie liegt inmitten von Hügeln, die schon in der Steinzeit bewohnt waren. Die vielen Höhlen in der Umgebung sind noch wenig erforscht. Wenn Sie sie sehen wollen, müssen Sie die Zigeuner in *ihren* nahegelegenen

Höhlen aufsuchen und sie davon überzeugen, daß Sie kein verkleideter Museumsbeamter sind. Dann erleben Sie eine spannende Besichtigungstour (Preis vorher vereinbaren!).

Folgen Sie der N-332 bis VERA und dann der Verbindungsstraße nach **Garrucha** und der Küste (die N-340 führt weiter landeinwärts bis Almería). Garruchas Fabriken beeinträchtigen kaum den 10 km langen Felsstrand vor seiner Gebirgskulisse.

Nach 5 km kommen Sie zu dem recht wohlhabenden Dorf **Mojácar** am östlichen Ausläufer der zerklüfteten Sierra Cabrera. Vor 3000 Jahren war es ein bedeutender phönizischer Hafen, heute »sitzt« es dank größerer geologischer Verschiebungen und Erdbeben »auf dem Trockenen«. Jahrhunderte, nachdem die Mauren das Dorf verlassen hatten, gingen seine Frauen noch verschleiert, und sogar heute spricht man von dem »Dorf der Verhüllten«. Man nannte es auch das »Hexendorf«, da seine Bewohner lange an Wunderheilung, Zauber und Hexentränken festhielten. Heute ist der entlegene Ort die letzte Bastion des mystischen Symbols *Indalo*. Diese Figur hält einen Regenbogen über ihrem Kopf, ein Talisman gegen den Bösen Blick. (Der Name kommt aus dem Iberischen und bedeutet »Allherrscher«.) Heute sieht man den *Indalo* nur noch als Maskottchen in den Souvenirläden und kaum, wie früher, als aufgemaltes Schutzsymbol auf den Haustüren. Zwar ist der malerische Anblick der flachen, verschachtelten Häuser durch die moderne Städteplanung etwas getrübt worden, doch dafür entschädigen die herrlichen Strände.

Die enge Küstenstraße führt durch karge Gebirgslandschaft zu dem 22 km entfernten CARBONERAS, mit seinen Sandstränden ebenfalls ein »Campinghit«. Dahinter biegt die Straße wieder landeinwärts.

Nach 41 km baumloser Moorflächen erreichen Sie **Níjar,** ein reges Töpfereizentrum, dessen enge Straßen zum Bummel durch die Altstadt einladen. Halten Sie nach einheimischer Keramik Ausschau. Ihr charakteristisches Muster besteht aus Streifen und Tupfen.

Kurz nach Níjar geht es mit der Begeisterung ein wenig bergab, und an der Strecke in felsiger Landschaft gibt es wirklich nicht viel, was den Spanienfahrer zum Anhalten bringen könnte. Aber schon nach 30 km winkt Almería an der Schwelle zur Costa del Sol.

Auf den Spuren der Mauren im Inland

Vier historische Städte – Elche, Crevillente, Orihuela und Murcia – liegen zwischen Alicante und Cartagena an der N-340. Die weiteste, Murcia, ist nur 80 km von Alicante entfernt, so daß man alle vier bequem an einem Tag besucht. Obwohl diese Orte vielen Kultureinflüssen ausgesetzt waren, sind sie unverkennbar durch ihr maurisches Erbe geprägt.

Elche
Tausende von Dattelpalmen rauschen in Elche, einer Stadt so alt wie die Iberer. Die ersten Palmen wurden 300 v. Chr. von den Karthagern gepflanzt und gedeihen, weil sie »mit den Füßen im Wasser und den Häuptern in der Glut des Himmels stehen«, wie die Mauren es ausdrückten. Jeder Palmenhain, *hort* genannt, wird durch ein Kanalsystem bewässert, das Abderraman III. im 10. Jh. angelegt hat. Die Palmenhaine

Die Dattelpalmen von Elche – hier die Palmera del cura – sind Gegenstand sorgsamer Pflege.

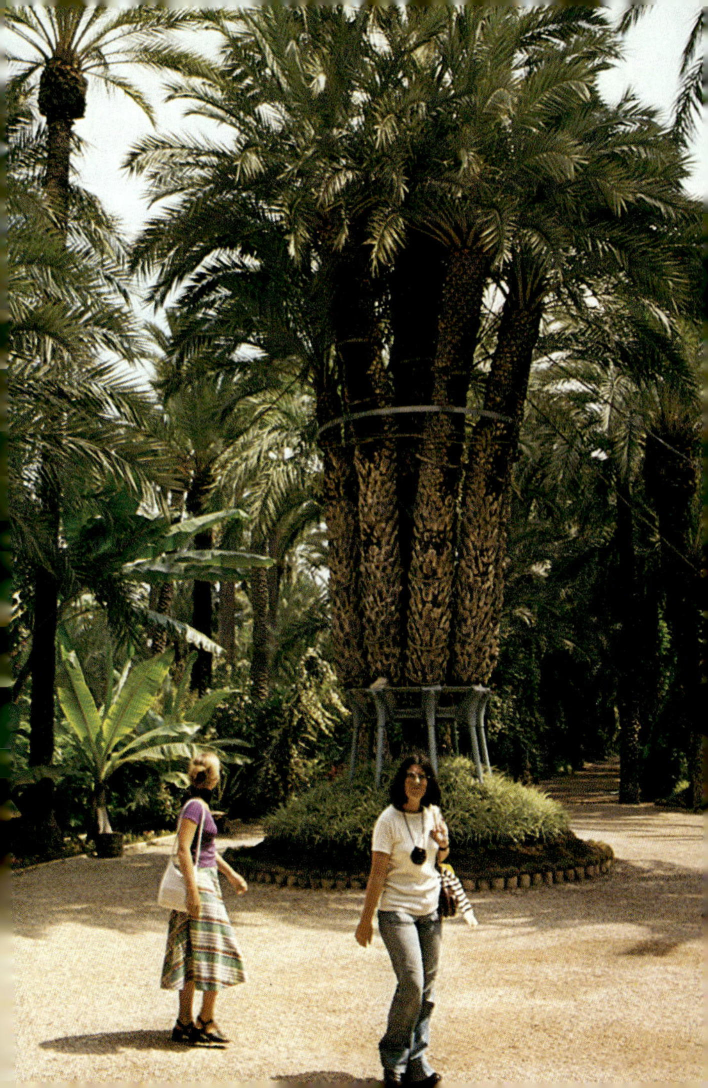

Königliche Palmen
Zwei Dattelpalmen im Hort del Cura versorgen den königlich spanischen Haushalt mit Obst. Sie wurden ausgewählt, um 1977 in einem traditionellen Festakt den Majestäten Juan Carlos und Sophia »geschenkt« zu werden.

Der König und die Königin tauften die Palmen mit Wein. Dann kletterten Männer in die Kronen, um Tafeln mit den Namen der Hoheiten aufzuhängen und Datteln für sie zum Kosten abzuschneiden.

»Fürstliche Palmen« hat es schon früher gegeben. 1849 widmete man die berühmte *palmera del cura* der Kaiserin Elisabeth von Österreich, als sie den Hain besuchte.

rahmen die Stadt mit ihren mehr als 100000 Bewohnern von drei Seiten ein.

Der **Hort del Cura** (Hain des Priesters) ist sogar in Elche wegen seiner Kakteen, Granatäpfel- und Orangenbäume berühmt, vor allem aber wegen seiner *palmera del cura*. Dieses (männliche) Prachtexemplar ist ungewöhnlich groß und alt; sein Hauptstamm verzweigt sich in sieben Äste. Zahlreiche Palmen dieses Hains wurden gekrönten oder geehrten Persönlichkeiten zugeeignet, darunter auch der Witwe Francos.

Am Seerosenteich steht eine Kopie der weltbekannten *Dama de Elche* (Dame von Elche). Die Originalbüste aus dem Jahre 500 v. Chr. befindet sich im Archäologischen Museum von Madrid. Fast hundert Jahre nach ihrer Entdeckung gibt uns diese Plastik noch immer Rätsel auf: Wenn man den exotischen Kopfschmuck verdeckt, kann das Gesicht ebenso männlich wie weiblich, ebenso spanisch wie griechisch oder orientalisch sein.

Um den Fundort dieser geheimnisvollen Dame kennenzulernen, fahren Sie in das nahegelegene Dorf LA ALCUDIA. Nehmen Sie sich Zeit für die ausgezeichnete Sammlung iberischer und römischer Stücke in dem kleinen Museum des Ortes. Die Palmen (männliche Bäume), die Sie unterwegs gesehen haben, wirken wie riesige Spargelspitzen. Sie werden im Frühling von Kletterkünstlern mit dem zungenbrechenden Namen *encapuchadores* zusammengebunden, damit die fahlen, gebleichten Wedel entstehen, die bei der Feier des Palmsonntags eine große Rolle spielen. Sind die Wedel erst geweiht, sollen sie den Blitz abhalten; daher sieht man sie überall in Spanien an den Häusern. Die weiblichen Bäume produzieren 6000 Tonnen

Niemand weiß, wer die mysteriöse Schöne, genannt Dama de Elche, genau ist. Das Original der Plastik haben die Madrider entführt.

Datteln im Jahr, die im Dezember reifen und wegen ihrer saftigen Süße begehrt sind.

Palmen und tropische Vegetation sind der Zauber von Elche. Sie können im schattigen **Parque Municipai** dinieren oder tanzen, oder den **Hort de Baix** und den **Hort del Chocolater** besuchen. Diese Haine, eine Freude für jeden Botaniker, machen Elche zu einer der grünsten Städte Europas. Nicht weit vom Stadtpark erhebt sich der **Calahorra-Turm,** einst Bestandteil des Haupttores in einer längst verschwundenen Ringmauer der Maurenzeit.

Ganz in der Nähe des Turms sehen Sie die blaue Kuppel der **Iglesia de Santa María.** Jedes Jahr im August findet hier ein Mysterienspiel, *El Misterio de Elche,* statt. Es wird von Laienspielern, Geistlichen, Honoratioren und anderen Bürgern Elches aufgeführt, eine Tradition, die schon 600 Jahre alt ist. Auch die gregorianische Musik ist traditio-

Wenn an der Costa Blanca gefeiert wird, lächeln nicht nur die Señoritas.

nell und wird in altem *lemosin* gesungen. Die Handlung, welche die Himmelfahrt Mariens zum Thema hat, ist leicht verständlich. Man ist bis zum Schluß von der Darstellungskunst der Schauspieler, die mittels einer Maschinerie vom Kirchturm herabgelassen und wieder hinaufgezogen werden, gefesselt.

Nicht weit von der Kirche

sehen Sie den **Alcázar de la Señoría** mit seinen quadratischen Türmen, einen Maurenpalast, der ebenfalls Teil der Stadtmauer war. Die spanischen Könige wie Jaime der Eroberer und Ferdinand und Isabella pflegten früher hier zu wohnen. Gehen Sie durch das Gelände des Palastes und über die Brücke. Sie überspannt den Vinalopó, der die maurischen Bewässerungskanäle der Palmenhaine speist.

Wenn Sie vom Alcázar zum Stadtzentrum gehen, kommen Sie zum **Ayuntamiento** (Rathaus). Es hat eine schöne Renaissance-Fassade und ein gotisches Portal. Oben auf dem Torre del Concejo, einem ehemaligen Wachtturm aus dem 14. Jh., sehen Sie eigenartige Figuren, »Calendura« und »Calendureta« genannt, die Stunden und Viertelstunden anschlagen. Sie tun es seit 1759.

Crevillente

Im 19. Jh. pflegten die Reisenden aus Angst vor der Banditen »Jaime dem Bärtigen« Crevillente zu durcheilen. Heute scheint die Stadt mit ihren Fabriken ebensowenig zum Bleiben einzuladen. Doch werden hier 70% der schönen Webteppiche und -decken Spaniens hergestellt, was sich viele gern genau ansehen.

Crevillente ist der Geburtsort des arabischen Wundarztes Al-Xafra. Bei der Schilderung seiner Heilmethoden für »Wunden, Entzündungen und Geschwüre« sträuben sich uns die Haare, aber mit seiner Behandlung von Knochenbrüchen durch gepolsterte Schienen, Streck- und Gipsverbände war er seiner Zeit weit voraus.

Die **Iglesia de Nuestra Señora de Belén** birgt eine Sammlung von Bronzen, Marmor- und Tonplastiken des modernen Bildhauers Mariano Benlliure (1862–1947), darunter Entwürfe für Porträts berühmter Zeitgenossen. Auch einige seiner **Pasos** – lebens- oder überlebensgroßer Prozessionsfiguren – sind ausgestellt.

Orihuela

An den friedlichen Ufern des Segura gelegen, hört und sieht Orihuela nichts vom Lärm der belebten N-340. Der Fluß bewässert die ausgedehnten Obstpflanzungen und fruchtbaren Felder, so daß die Leute sagen: »Llueva o no llueva, trigo en Orihuela« (Regen oder kein Regen, Weizen in Orihuela). Die Vertreibung der *moriscos* drohte 1608 der Landwirtschaft von Orihuela schweren Schaden zuzufügen, aber brave Bürger versteckten viele ihrer tüchtigen maurischen Feldarbeiter, so daß ihre Ernten schließlich doch nicht verrotteten.

Die **alte Universität** im nördlichen Außenbezirk der Stadt wurde im 16. und 17. Jh. erbaut. Heute beherbergt sie eine Schule, das Colegio de Santo Domingo – dennoch können Sie die barocken Kreuzgänge, das prachtvolle Treppenhaus und das schön geflieste Refektorium besichtigen. In der Nähe der Schule sehen Sie als einzigen Rest der alten Stadtmauer die **Puerta de la Olma** (Ulmentor).

Gehen Sie nun zur kleinen

An das Diözesanmuseum von Orihuela schließt sich ein ruhiger Kreuzgang an. Rechts: Der Teufel hat hier unverkennbar weibliche Gestalt.

Plaza in der Calle de Sargent am Westrand der Stadt, von wo aus Sie zum ehrwürdigen **Seminario de San Miguel** hinaufsteigen. Der Ausblick auf Orihuela und ein verfallenes Kastell ist sehr lohnend.

Es gibt so viele historische Gebäude in Orihuela, daß man meint, die Stadt habe sich trotz des Erdbebens von 1829 und der modernen Industrialisierung seit Jahrhunderten nicht verändert. Die gotische **Kathedrale** aus dem frühen 1. Jh. mit ihren von Spiralrippen eingefaßten Bögen und dekorativen Gittern gilt als eine der schönsten weit und breit.

Fragen Sie nach dem berühmten Gemälde von Diego Velázquez, *Die Versuchung des hl. Thomas von Aquin*, das in der Kathedrale hinter verschlossenen Türen aufbewahrt wird. Ein Blick auf das Werk erklärt, warum Velázquez von seinen Zeitgenossen verehrt wurde: Als es Mode war, alle Menschen wie Engel zu malen, verlieh er seinen Engeln menschlichen Ausdruck.

Der schöne romanische **Kreuzgang** stammt aus einem nahegelegenen, im Bürgerkrieg zerstörten Kloster. In seiner Mitte steht ein frühgotisches Kreuz, das an die Toten der zahlreichen von und in Spanien geführten Kriege erinnert.

Eine der Kuriositäten Orihuelas wird zusammen mit kostbaren alten Büchern in der Biblioteca Pública (Öffentliche Bibliothek) in der Calle de Alfonso XIII. aufbewahrt: die *Paso de la Diablesa* (Teufelin). Dieses greulich gehörnte Teufelshaupt soll, seit es Nicolas de Busi 1688 in Holz schnitzte, Sünder zu Reue und Umkehr bewegen. Jedes Jahr wird es zusammen mit einem fast lebensgroßen Skelett feierlich durch die Stadt getragen.

Murcia

Wie Elche und Orihuela war Murcia schon seit maurischer Zeit eine Oase der Fruchtbarkeit. Seine Obst- und Gemüseplantagen, die nur von denen Valencias übertroffen werden, erhalten ihr Wasser durch ein vom Segura gespeistes maurisches Kanalnetz. Die heutige Provinzkapitale war ein Lieblingsplatz der Mauren und während der Reconquista sogar die Hauptstadt einer kleinen *taifa*, eines autonomen maurischen Königreiches.

Murcias bedeutendste Sehenswürdigkeiten liegen am Norduser des Segura. Machen Sie zuerst Bekanntschaft mit seiner Eminenz dem Cardinal Belluga, dessen Statue inmitten von Blumen und Springbrunnen auf der Glorieta de España steht. Er hatte 1707 im Spanischen Erbfolgekrieg dem bis dahin siegreichen Erzherzog Karl von Österreich die Zähne gezeigt, indem er die *huertas* (Felder) von Murcia unter Wasser setzte und ihn dann mit einer kleinen Armee angriff.

Wenn Sie die nach dem Kardinal Belluga benannte Plaza überqueren, kommen Sie zur **Catedral de Santa María,** die 1394 auf dem Platz einer ehemaligen Moschee begonnen wurde. Ihre prachtvolle Westfassade ist allerdings eine barocke Erneuerung, ein berühmtes Werk von Jaime Bort, das entstand, nachdem die gotische Fassade 1735 durch eine Überschwemmung des Segura schwer beschädigt worden war. Von dem fünfstöckigen Turm der Kathedrale haben Sie einen weiten Rundblick.

Die Capilla de los Vélez im Innern ist wegen ihrer platerseken Dekoration sehenswert. Dieser aus der Technik der Silberschmiede hervorgegangene Stil ist für das Spanien des 16. Jh. typisch. Der Chor birgt einen *Christus* von Francisco Salzillo, eins der vielen höchst realistischen Werke dieses in Murcia geborenen Künstlers. Andere seiner Arbeiten – eine *Maria* und ein *Hl. Hieronymus* – sind zusammen mit Kelchen und *retablos* (Altaraufsätze) im angrenzenden Museo Diocesano zu sehen.

Die Capilla Mayor enthält in einer Urne ein Stück des Herzens von Alfons dem Weisen, das der König vor seinem Tod im 13. Jh. der Stadt Murcia vermacht hatte.

Verlassen Sie die Kathedrale durch das Nordportal und gehen Sie über die Plaza de las Cadenas zur kühlen, von Cafés gesäumten **Calle de la Trapería** (Straße der Gebrauchtwarenhändler), die – ihren Namen

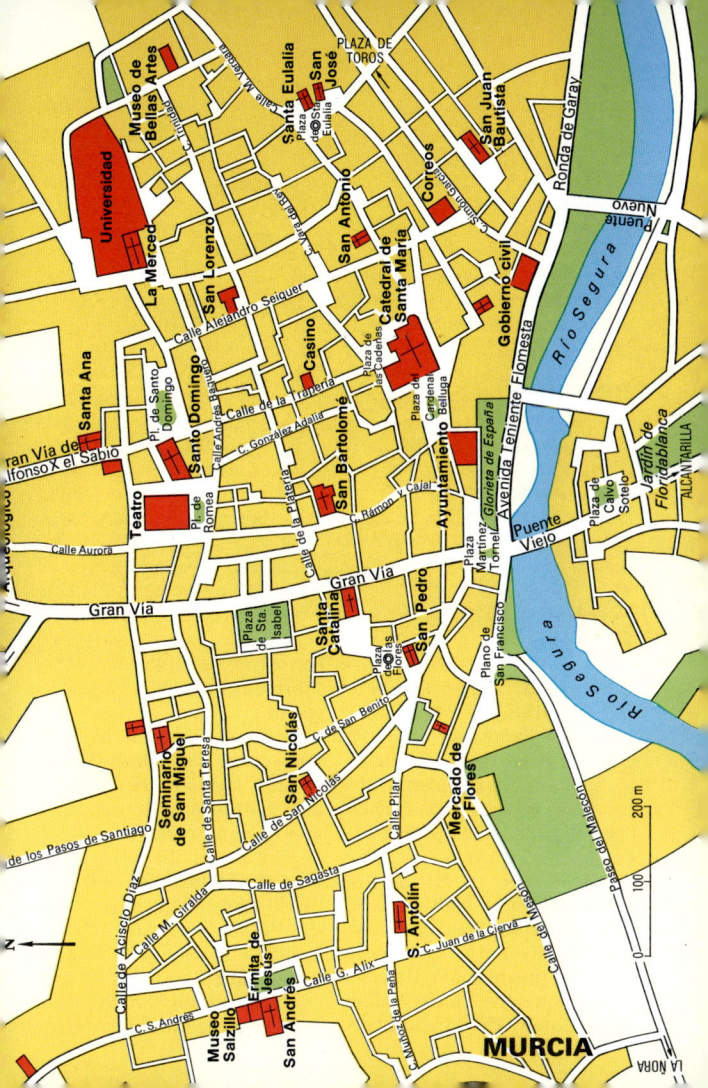

MURCIA

verleugnend – eine elegante Einkaufsstraße ist. An ihrem Nordende kommen Sie zu einem **Casino** (kein Spielkasino, sondern ein privater Klub) mit einer auffallend hübschen Tür im Stil der Jahrhundertwende. Die Eingangshalle, eine genaue Kopie der Halle der Gesandten im Alcázar von Sevilla, und die Damentoilette mit ihrer engelverzierten Decke sind die prächtigsten Räume. (Vergessen Sie nicht, dem Angestellten, der Sie umherführt, ein kleines Trinkgeld zu geben.)

In der großen Zeit des Kasinos war die **Calle de la Platería** (Straße der Silberschmiede), eine Querstraße der Trapería, von Handwerkern belebt. Westlich von ihr wird bis 11 Uhr vormittags ein Blumenmarkt abgehalten (später sind die Verkäufer in den kühleren Läden und Bars des Viertels anzutreffen).

Nordwestlich vom Stadtzentrum liegt die Kirche Ermita de

Ein Bewässerungssystem, das die Mauren vor tausend Jahren anlegten, treibt ein modernes Wasserrad an. Unverändert, wenn auch nicht so alt, ist die barocke Fassade der Kathedrale von Murcia.

Jesús mit ihrem eindrucksvollen **Museo Salzillo.** Die umfangreiche Sammlung der Skulpturen von Francisco Salzillo zeigt jeden Aspekt seines Schaffens. Während seines langen Lebens (1707–81) schuf er große Prozessionsfiguren, die noch heute in der Karwoche verwendet werden, andererseits kleine, teils miniaturhafte Schnitzereien.

Wasserräder sind in der Gegend um Murcia seit über tausend Jahren in Betrieb. Sie können in **La Ñora,** 6 km vom Stadtzentrum Murcias entfernt, ein recht typisches Exemplar besichtigen. Das Originalrad wurde durch eine Nachbildung aus Stahl ersetzt, aber sonst ist das maurische System noch unverändert. Ein weiteres Wasserrad, ebenfalls aus Stahl, sehen Sie, wenn Sie ein paar Kilometer auf der N-340 in Richtung Granada weiterfahren. Es gehört zum **Museo de la Huerta** (Landwirtschaftsmuseum) in ALCANTARILLA, das einen anschaulichen Überblick über das Leben der Bauern von Murcia gibt, besonders auch durch die Ausstellung traditioneller Möbel und Gebrauchsgegenstände.

Entspannen Sie sich nach einem Tag voller Besichtigungen auf einer Bootsfahrt vor der Küste von Murcia.

Was unternehmen wir heute?

Stierkampf

Eingeweihte schwören, daß man ein Leben lang braucht, um alle Feinheiten der *corrida* oder *fiesta brava,* wie der Stierkampf in Spanien genannt wird, zu verstehen. Andererseits gibt es genügend Kritiker, die dringend vom Besuch des blutigen Spektakels abraten.

Gleichgültig, wie Ihre Reaktion sein mag, das Verständnis für einen wichtigen Teil des spanischen Lebens wird sich Ihnen erschließen.

Die Corrida in ihrer faszinierendsten Form sehen Sie in den großen Arenen von Alicante, Cartagena und Murcia. Spitzen-*toreros*, die mit ausgewachsenen Halbtonnen-Stieren kämpfen, treten gelegentlich auch in Benidorm auf; Anfänger, die oft nicht zu unterschätzen sind, auch in kleineren vom Touristenstrom berührten Orten.

Die vielleicht besten Plätze für einen ersten Stierkampf sind *sol y sombra*, zeitweise Sonne, zeitweise Schatten, in den unteren Rängen *(tendido bajo)*. Die ersten beiden Reihen sind die teuersten. Gehen Sie möglichst eine Stunde vor Beginn zur *plaza de toros*, um die Menge zu beobachten und das Steigen der Spannung zu spüren. Eine Corrida fängt immer pünktlich an – selbst wenn man dazu gelegentlich die Uhr anhalten muß.

Gewöhnlich kämpfen drei Matadore gegen sechs Stiere, ein Schauspiel von 2½ Stunden; es lohnt sich also, eins der angebotenen Kissen zu leihen. Denken Sie daran, daß es kein sportlicher Wettkampf ist, sondern ein kunstvolles Ritual, dessen Dramatik aus der Angriffslust des Stiers, der Geschicklichkeit des Toreros und seinem Mut entsteht. Ohne seinen Mut zum Risiko gäbe es keine Corrida.

Jede Phase des Kampfes wird genau vom *presidente* in seiner fahnengeschmückten Loge beobachtet. Er winkt zweimal mit dem Taschentuch, zuerst, um den traditionellen festlichen Einmarsch in die Arena einzuleiten, und dann zum ersten Akt oder *tercio*, dem Öffnen der *puerta de toriles* für den Stier. Nun wird der Stier mit großen gelbroten *capas* gereizt, anfangs von der *cuadrilla*, der Mannschaft des Matadors, dann von ihm selbst. Der Torero beobachtet dabei das Tier unablässig, um zu erfahren, wie es reagiert, angreift und seine Hörner einsetzt.

Im zweiten *tercio* reitet der *picador* auf seinem gepolsterten Pferd in die Arena. Er soll mit Lanzenstichen die starken Schultermuskeln des Stiers schwächen, damit er den Kopf senkt, eine schwierige Aufgabe. Denn tut er zu viel, verdirbt er den Kampf, tut er zu wenig, macht er dem Torero die Arbeit zu schwer.

Jetzt werden die *banderillas*, lange buntgewimpelte Stahlpfeile, dem Stier in den Widerrist geworfen. Es ist ein Akt voller Kraft und Grazie, wenn der *banderillero* oder der Torero selbst sich schräg über den Stier beugt, haarscharf an den Hörnern vorüber, um die *banderillas* zu setzen.

Das dritte und letzte *tercio* heißt *la suerte de la muerte*, der Akt des Todes. Der Torero schreitet allein in die Arena und reizt den Stier mit der kleinen roten *muleta*, indem er ihn anruft, provoziert und die Hörner im Zentimeterabstand passieren läßt. Olé-Rufe und Crescendos der Kapelle spenden Beifall, Pfiffe und der Ruf *fuera!* (hinaus!) bedeuten Mißbilligung.

Im Moment der höchsten Spannung beugt sich der Torero über die Hörner des Stiers, um die Halsschlagader mit dem Degen zu durchbohren. Gelingt es, fällt der Stier wie vom Blitz getroffen um. Doch das Ziel, eine faustgroße Zone zwischen den Schultern, ist nur erreichbar, wenn der Stier die Füße geschlossen hält; und eine schnelle Tötung, die Kraft, Nerven und Geschick erfordert, gelingt nicht immer. Wenn der Kampf gut war und die Tötung gekonnt, belohnt der *presidente* den Torero mit einem Ohr, zwei Ohren, gelegentlich auch mit dem Schwanz des von ihm getöteten Stiers. Das ist das Signal für eine Ehrenrunde, und

Rosen für den Degenhelden – nachdem er die Capa wie einen roten Vampir um den Halbtonner schwirren ließ.

wenn auch die Menge mit der Corrida zufrieden war, regnet es Blumen, Zigaretten und *botas* mit Wein in die Arena. In Ausnahmefällen wird ein guter Stier für die Zucht »begnadigt«. Dann winkt der *presidente* mit einem grünen Taschentuch, und die Zuschauer rasen.

Die Corrida ist nicht für jeden etwas – nicht einmal für alle Spanier. Doch ist der Stierkampf bis jetzt immer noch außerordentlich beliebt. Einziger Rivale um die Gunst der Massen ist der Fußball.

Flamenco

Was ist Flamenco? Gitarrenmusik, klappernde Kastagnetten, trommelnde Absätze und leidenschaftlicher Gesang? Der aus Andalusien stammende Tanz hat zwei Varianten:

Der *cante jondo* ist Ausdruck eines schwermütig-dramatischen Gefühls. Seine klagenden, an die Musik Arabiens erinnernden Melodien begleiten einen ernsten, fast zeremo-

ANUNCIO

niellen Tanz. Er wird, abgesehen von Madrid, selten außerhalb Andalusiens aufgeführt.

Der *cante chico* dagegen, die beschwingtere Form, wird in den *tablaos* (Nachtklubs) an der Costa Blanca dargeboten. Mit etwas Glück sehen Sie vielleicht sogar eine namhafte Flamenco-Truppe im Rahmen der vom Spanischen Fremdenverkehrsministerium veranstalteten *Festivales de España* auftreten. Obwohl in den Melodien etwas von der Melancholie des *cante jondo* klingt, sprühen die Tänze von Temperament: *fandango, tango, farruca* und *zambra* wirbeln unter dem Stakkato der *palmadas* (Händeklatschen), dem scharfen Knallen der *pitos* (Fingerschnalzen), dem *zapateado* (Fußstampfen) und dem Kastagnettenklang

Schon jung entfacht sich die Begeisterung für den Volkstanz.

über die Bühne. Die Mädchen, das schwarze Haar straff zurückgekämmt, entfalten das Farbenspiel ihrer volantbesetzten Röcke. Die Männer tanzen in der Tracht von Córdoba, in hochtaillierten Hosen, Rüschenhemden und kurzen Jacken. Malerische Kostüme, schön geschnittene Gesichter, Rhythmus und Farbe – das ist mehr als nur Tanz, das ist Flamenco!

Volkstänze

Die bekanntesten traditionellen Tänze an der Costa Blanca heißen *jota valenciana* und *jota murciana*. Sie werden von temperamentvollen Darstellern paarweise getanzt und von der Gitarre oder den ursprünglich maurischen Instrumenten *dulzaina* (Flöte) und *tamboril* (Tamburin) begleitet. Ihre Herkunft ist iberisch, mit vielerlei verschiedenen Einflüssen wie maurisch, aragonesisch, kastilianisch und kubanisch.

Alt und jung nehmen daran teil, und die spontane Begeisterung aller beweist die anhaltende Liebe der Spanier zu ihrem reichen Erbe an Volksmusik und Volkstänzen.

Fiestas

An der Costa Blanca gibt es so viele Volksfeste und kirchliche Feiertage, daß Sie unweigerlich eine Fiesta in Ihrem Ferienort erleben werden. Die folgende Liste ist eine Auswahl der größeren Fiestas. Über diejenigen mit einem beweglichen Datum gibt Ihnen das Staatliche Spanische Fremdenverkehrsamt in Ihrem Land oder das örtliche Verkehrsbüro in Spanien Auskunft.

März oder April

Allgemein; doch besonders in Cartagena (beweglich) — *Semana Santa* (Karwoche): Große mehrtägige Osterfeierlichkeiten in ganz Spanien, oft mit prächtigen Kostümen.

Murcia (beweglich) — *Fiesta de la Primavera* (Frühlingsfest): Trachten- und Kostüm-Umzüge, Feuerwerk und Fanfaren leiten die Woche nach der Karwoche ein.

April

Alcoy (beweglich) — *Moros y Cristianos* (Mauren und Christen): Prachtvoller Maskenumzug und Ritterspiele am oder um den St.-Georgs-Tag.

Allgemein; doch besonders in Alicante (23.)	*Fiesta de San Jorge y Día de Cervantes* (St.-Georgs- und Cervantes-Tag): Büchermarkt und Tag der Liebespaare; farbenfroh und heiter.
Alicante (beweglich)	*Semana Mediterránea de la Música* (Klassisches Musikfestival): Erstklassige Künstler und Orchester.

Juni

(in der Woche des 24. Juni)	*Hogueras de San Juan* (Johannisfeuer): Johannisfest mit Umzügen, Feuerwerk, Stierkämpfen und dem Verbrennen von Festpuppen.

Juli

Benidorm	*Festival Español de la Canción:* Großes spanisches Schlagerfestival
Villajoyosa (24.-31.)	*Moros y Cristianos* (Mauren und Christen): Bedeutendstes historisches Festspiel der Costa Blanca; siehe S. 34.
Mar Menor (Ende Juli bis Mitte August)	Verschiedene Regatten.

August

Torrevieja	*Festival de Habaneras;* siehe S. 50.
Elche (13.-15.)	*Misterio de Elche* (Mysterienspiel von Elche): Aufführung in zwei Teilen am 14. und 15. August; öffentliche Generalprobe am 13. August.
Játiva (15.-20.)	*Gran Feria de Játiva:* Ursprünglich ein Pferdemarkt – der zuerst um 1250 abgehalten wurde –, heute eine allgemeine Fiesta, besonders *Día del Turista* (Tag des Touristen).
Denia und Jávea (beweglich)	*Moros y Cristianos:* Mauren und Christen kommen vom Meer. In Denia stürmen die Mauren das Schloß, werden von den Christen überrumpelt und zurück zum Meer getrieben.

August/Sept.

Bocairente (29. Aug.-2. Sept.)	*Fiesta de Danza Folklórica* (Volkstanzfest) *Día de San Agustín* (Tag des hl. Augustus).

Sport und Erholung

Wassersport

Einen großen Teil Ihres Urlaubs an der Costa Blanca werden Sie am Strand verbringen. Es stehen Ihnen Hunderte von Kilometern belebter und einsamer Strände zur Auswahl: weite Buchten und Schlupfwinkel hinter Klippen, wo Sie überall auch in der Hochsaison Ihren

Moros y Cristianos heißt die Prozession, an der diese fesch kostümierten Sarazenen teilnehmen.

»Platz an der Sonne« finden.

Wie auch anderswo am Mittelmeer gibt es an der Costa Blanca keine Rettungsstationen und auch nur wenige Warnschilder an gefährlichen Stellen. Beachten Sie vor allem die üblichen Vorsichtsmaßnahmen: Achten Sie auf Wasserskifahrer und Motorboote, die gelegentlich über ihre abgegrenzten Zonen hinausfahren, schwimmen Sie nie nach einer Mahlzeit oder einem langen Sonnenbad.

Die meisten Strände mit feinem Sand liegen nördlich von Alicante. Sie sind weitgehend erschlossen und bieten vom Liegestuhl bis zum Motorboot allen erdenklichen Komfort. Je weiter sie nach Süden fahren, desto spärlicher werden, La Manga ausgenommen, die Einrichtungen für Bequemlichkeit und Sport. Die Strände im Süden sind eher kiesig und grobsandig. Dafür findet man aber dort noch unentdeckte Paradiese, und Menschenansammlungen sind, besonders südlich von Cartagena, selten. In diesem Abschnitt der Costa Blanca sucht man nicht vergebens nach erholsamer Stille, die nur vom Brausen der Wellen unterbrochen wird. Außer an den Stränden kommen Wasserratten auch in Benidorms Aqualand auf ihre Kosten.

Schnorcheln und Tieftauchen

Das Schnorcheln ist an der Costa Blanca faszinierend, besonders in der Nähe von Klippen und felsigem Strand. Wenn Sie sich vom Ufer entfernen, sind Sie gesetzlich verpflichtet, aus Sicherheitsgründen eine Markierungsboje hinter sich herzuziehen.

Tieftauchen ist schon lange an der Costa Blanca üblich. Mehrere Tauchzentren verleihen Ausrüstung, Boote, vermitteln Ortskenntnis und erteilen auch in einigen Fällen Unterricht. Ein Tauchschein ist in Spanien gesetzlich vorgeschrieben. Wenn Sie nicht über gute Spanischkenntnisse verfügen und wissen, wohin Sie sich zu wenden haben, lassen Sie sich die Bescheinigung lieber vom Tauchzentrum besorgen.

Das Tauchen ist praktisch überall ungefährlich: Strömungen, Gezeiten und große Raubfische existieren kaum.

Alle Klippen und Inseln, einschließlich des kleinen Riffs von Benidorm, sind für Taucher lohnend. Je nachdem wo Sie sich an der Costa Blanca aufhalten, können Sie Unter-

Die einen faulenzen in der Sonne wie gehabt, die anderen lockt es unter Wasser in dunkle Höhlen.

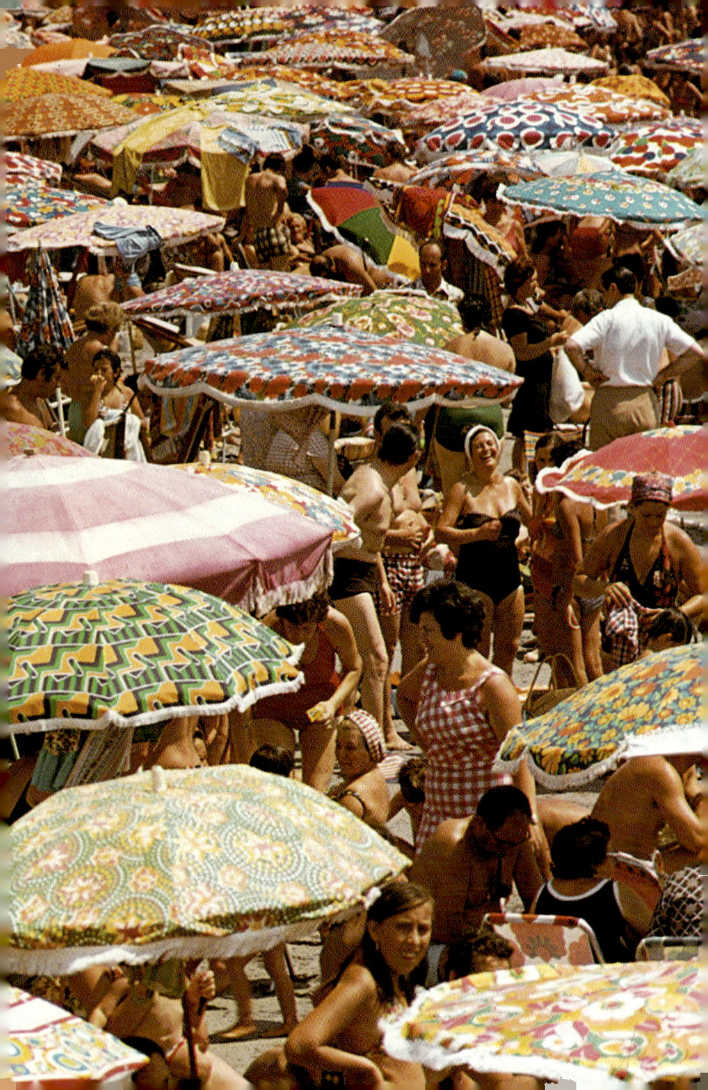

wasserhöhlen und moderne, aber interessante Wracks erforschen und Süßwasserquellen auf dem Meeresgrund entdecken. Die Gewässer um den Peñón bei Calpe sind reich an vielen, auch seltenen Fischarten. Archäologische Funde müssen der Comandancia de Marina ausgehändigt werden.

Bootssport

An den meisten Stränden gibt es Boote zu mieten. Die größte Auswahl an Bootstypen bietet das Mar Menor. Die Preise sind unterschiedlich, in Benidorm liegen sie allgemein am höchsten. Sie können in einem zweisitzigen Tretboot umherplätschern (kleinere Kinder nur in Begleitung Erwachsener) oder eine *gondola,* eine Art Paddelboot (ebenfalls nicht für kleine Kinder geeignet), ausleihen. Segelboote kann man zwar an allen größeren Stränden mieten, aber für den zünftigen Segler ist La Manga *der* Tip.

Windsurfen

Dieser Sport ist an der Costa Blanca weit verbreitet, eignet sich aber hier kaum für ungeübte Süßwassersegler. Wenn

Santa Pola ist der Lieblingsstrand der Alicantinos, und nirgends sonst werden Sie ihnen so nahekommen.

man die Technik jedoch beherrscht, ist das Segelsurfen, wie es auch heißt, in der Meeresbrise natürlich eine besonders aufregende Sache.

Wasserski

Die steigenden Benzinkosten verteuern diesen Sport. Ein Grund mehr, unter den konkurrierenden Schulen hinsichtlich der Länge der Runden, der Anzahl der Versuche und des Mengenrabatts bei Vorausbuchungen Preisvergleiche anzustellen. Der Unterricht findet meist am frühen Morgen statt, wenn das Meer noch ruhig ist und die meisten Touristen erst frühstücken. Wer Mut hat, probiert eine Runde Drachenfliegen am Motorboot.

Angeln

Die Flüsse im Hinterland der Costa Blanca bieten Gelegenheit, Barben und Karpfen zu fischen, aber der Amadorio-Staudamm, 4 km von Villajoyosa entfernt (siehe S. 46), und, in geringerem Ausmaß, der Guadalest-Staudamm (siehe S. 47) sind weit ergiebiger. Sie enthalten Barben, Karpfen, Barsche und Regenbogenforellen, die 1977 ausgesetzt wurden und noch geschützt sind. Um sie zu angeln, braucht man eine Zusatzgenehmigung zum Angelschein. Die Saison für andere Forellen beginnt am ersten Sonntag im März und endet am 15. August. Aber die Trockenheit ist ein Unsicherheitsfaktor, so daß man sich besser vorher nach den Bedingungen erkundigt.

Wenn Sie auf Unterwasserjagd gehen, werden Sie ohne Ortskenntnis wenig Glück haben. Wer die Gewässer kennt, kann dagegen Meeräschen, Seebrassen, Seebarsche und einige Kilometer vor der Küste

Wasserskifahren ist ein rasanter, aber keineswegs billiger Sport.

auch Makrelen harpunieren. Im Sommer erwischt man vielleicht die köstliche Goldbrasse, im Spätsommer, Herbst und Winter den Bonito, verschiedene Thunfischarten und, besonders nördlich von Játiva, den Schwertfisch – aber das ist schon eine andere Gewichtsklasse.

Tennis

Hotelplätze bieten die beste Möglichkeit zum Spielen, aber Schläger und Bälle sind selten zu leihen. Tennis-Fans finden in La Manga über 30, z. T. hoteleigene Plätze, 15 davon gehören zum Golfklub.

Golf

Alle Klubs an der Costa Blanca sind für Gäste zugänglich. Schläger, Caddies und gelegentlich auch elektrische Trollies sind zu mieten (siehe S. 102). Die schönsten Golfplätze liegen in Torrevieja (mit dem Klub Villa Martín) und bei La Manga (jeweils 18 Löcher). Es gibt auch noch drei gute Plätze mit 9 Löchern: Don Cayo in Altea-la-Vieja, San Jaime de Ifach zwischen Calpe und Moraira und der Golfklub in Jávea.

Reiten

Es gibt Reitställe, die Pferde für einen gemütlichen Strandbummel ausleihen, oder solche, die anspruchsvollen Reitern gute Pferde, Fachlehrer und interessante Ausritte bieten. Für Sattelfeste gibt es, meist von Altea aus, zwei- bis viertägige Ausflüge ins Gebirge mit Übernachtungen in einfachen Herbergen. Es sind Entdeckungsreisen in eine andere Welt, durch Orangen-, Mandel- und Olivenhaine, vorbei an bizarren Johannisbrotbäumen und über Bäche bis hinauf in die Pinienwälder und Hochmoore der Sierra Aitana, deren Gipfel über 1500 m hoch sind.

Zur Abwechslung und der Gesellligkeit halber reitet man auch gern zu einer Barbecue-Party bei Mondschein.

Jagd

Obwohl die Jagd ein beliebter Sport in Spanien ist, kann man sie an der Costa Blanca nicht ohne Ortskenntnis und persönliche Beziehungen ausüben. Sehr Interessierte mögen es auf der Isla Mayor versuchen (siehe S. 52) und sich anhand der vom Spanischen Fremdenverkehrsamt herausgegebenen Broschüre über Jagd und Fischfang informieren.

Drachenfliegen

Die Costa Blanca ist *der* Ort für den, der in diesem Sport geübt ist. Erkunden Sie jedoch zuerst die Landeplätze, denn der Boden ist steinig, und Stechginster, Oliven- und Mandelfelder sind kein ideales Terrain. Der Punto de Mascarat bei Calpe bietet die Möglichkeit, auf dem Meer oder am Strand zu landen. Das Plateau oberhalb des Dorfes Sella (siehe S. 46) gilt als einer der besten Startplätze Europas. Starterlaubnis auf eigene Gefahr erhalten Sie Mitte der Woche im Aitana-Safari-Park.

Vogelbeobachtung

Wer gern Vögel beobachtet, darf sein Fernglas nicht vergessen. Die Costa Blanca liegt auf

Der Stoff, aus dem die Träume sind. Kein Wunder, daß die Außenaufnahmen unzähliger Western hier gedreht wurden.

der Route vieler Zugvögel, so daß Sie, oft unerwartet, seltene Arten antreffen. Im Sommer können Sie in stilleren Buchten schwarze und weißflügige Seeschwalben und im Herbst und Winter auf den Klippen des Peñón von Calpe die seltene Silbermöwe beobachten.

Die Salinas de la Mata südlich von Guardamar ziehen im Winter oft (nicht immer) Tausende wandernder Flamingos an, von denen einige sogar zur Brut bleiben.

Einkaufsbummel

Wann, wo und wie kauft man ein?

Die besten Einkäufe an der Costa Blanca machen Sie in kleinen Nebenstraßen oder auf den Märkten. In Alicante finden Sie die größte Auswahl und die niedrigsten Preise, wenn Sie Gebrauchsartikel aus dem spanischen Alltag suchen. Wer etwas Typisches und Besonderes will, kauft im Hinterland: In Guadalest gibt es

Ponchos und Schals, in Gata Korbwaren und Gitarren, in Crevillente gewebte Decken und Teppiche, in Jijona *turrón* und in Ibi Spielwaren.

»Auf Umwegen« können Ausländer ihre Mitbringsel ein wenig billiger einkaufen: Wenn sie im Geschäft ein Zollformular ausfüllen, drei Kopien davon behalten, diese zusammen mit der eingekauften Ware beim Grenzübergang vorlegen und sich den Rabattbetrag vom Verkäufer an die Heimatanschrift schicken lassen. In manchen Geschäften gibt man diesen Preisnachlaß an Ort und Stelle.

Ihr Geschick im Feilschen und Handeln sollten Sie nur bei Zigeunern und Altwarenhändlern erproben, die darin allerdings schon eine jahrhundertealte Routine haben.

Ausverkäufe *(rebajas),* besonders am Saisonschluß, sind meist nicht so lohnend, wie sie es versprechen.

Vom 1. Juni bis 30. September können Sie von 9 bis 13 Uhr und von 16.30 bis 20 Uhr einkaufen (in der anderen Zeit des Jahres sind die Öffnungszeiten kürzer). Die großen Warenhäuser in Alicante und Valencia haben auch zur Siestazeit geöffnet, während der man ungestört schaut und stöbert. Kleine Läden öffnen während der Saison auch samstagabends und manchmal sonntagvormittags.

Was bringt man mit?

Antiquitäten können günstig sein, aber achten Sie auf Fälschungen, bevor Sie vielleicht einen großen verrosteten Schlüssel erstehen, der frisch aus der Fabrik kommt und in Salzwasser künstlich »alt« gemacht wurde. Schauen Sie nach Kupfer- und Messingwaren, nach handgemalten

Kacheln, die aus alten Häusern stammen, und einfachen Öllampen. Wenn Sie Glück haben, finden Sie auch eine antike Wiege: wenige sind wirklich echt, aber dekorativ und geeignet, alle möglichen Dinge darin unterzubringen – sogar Babies.

Korbwaren und Matten werden seit 1500 Jahren angefertigt und sind preiswert.

Kubanische Zigarren sind außergewöhnlich günstig im Verhältnis Qualität–Preis, Markenzigarren von den Kanarischen Inseln und einheimische Zigaretten sind noch billiger.

Lederwaren, besonders Wildleder- und Ledermäntel, Schuhe (außer Kinderschuhen) und Handtaschen können Sie, wenn Sie einfachere Modelle wählen, wirklich vorteilhaft einkaufen.

Lladró-Porzellan wird schon lange von Sammlern geliebt;

Schöne Schals und Botas gehören zu den beliebtesten Mitbringseln.

die unter diesem Namen in Valencia fabrizierte Ware ist allerdings erst seit 1953 im Handel. Kleinere Stücke sind nicht teuer, doch größere haben ihren Preis. Alle sind exquisit gearbeitet. Einfachere Modelle (nicht zweite Wahl) werden unter dem Namen *Nao* verkauft.

Ponchos und **Strickschals** aus Guadalest sind farbenfroh und kleidsam – eine Wohltat im Winter.

Souvenirs sind immer wieder eine Verlockung: Keramik in allen Formen und Größen, zu jedem Zweck und zu verschiedensten Preisen, manches noch nach maurischen Modellen;

Auch an einer einfachen Strandtasche wurde oft stundenlang geflochten.

Stierkampf- und Flamenco-Poster, auf die Sie Ihren Namen drucken lassen können; flache, breitkrempige Lederhüte aus Córdoba; handbemalte Fächer; elegante *mantillas* (die traditionellen Spitzenschals für festliche Gelegenheiten); und *botas,* Lederflaschen zum Umhängen für Wein (wählen Sie keine mit Plastikfutter).

Teppiche und **Decken** aus Crevillente sind hübsch und dauerhaft und werden nach Ihren eigenen Entwürfen angefertigt.

Tafelfreuden

Zwar werden Sie an der Costa Blanca eine internationale Küche finden, aber Sie sollten sich auf keinen Fall die herzhaften einheimischen Gerichte entgehen lassen: die Zutaten kommen frisch aus dem Meer oder vom Land und werden mit den köstlich zarten Gemüsen, die hier angebaut werden, serviert. Wo ißt man am besten? Fragen Sie oder sehen Sie besser selbst, wo die Spanier oder Wahlspanier sich zu Tisch setzen.

Suppe und Eintopf
Das Leibgericht vieler Besucher ist *gazpacho*, der andalusische »flüssige Salat«. Diese gekühlte, würzige Suppe aus geschnitzelten Tomaten, Paprikaschoten, Gurken, Zwiebeln und Brotwürfeln erquickt besonders an heißen Sommertagen. Achtung: *gazpachos* mit einem s ist ein ganz anderes Gericht (siehe S. 91).

Michirones ein leckerer Eintopf aus Stangenbohnen, Speckwürfeln, Paprikawürstchen und scharfem Pfeffer, gewürzt mit allerlei Pikantem, wärmt bei kühlem Wetter Leib und Seele. *Pebereta talladeta* war anfänglich ein Eintopfgericht aus Kartoffeln, Paprika und Thunfischstückchen und ist heute oft eher die Beilage zu einem dicken Thunfischsteak. *Guisado de pavo*, Truthahnragout, sollten Sie auf jeden Fall kosten; um diese Spezialität aus Orihuela fachgerecht zubereitet zu genießen, müssen Sie sie mindestens sechs Stunden vorher bestellen.

Reis und Paella
An der Costa Blanca wird seit den Zeiten der Mauren ausgezeichneter Reis angebaut. Deshalb ißt man hier so viele Reisgerichte (die örtlichen Kochbücher kennen über 50 Hauptrezepte), allen voran die weltberühmte *paella*. Die *paella* verdankt ihren Namen der großen flachen Eisenpfanne, in der sie gekocht und serviert wird. Die Grundlage ist Reis, der in Fleischbrühe ausgequollen, mit dem hier gewachsenen Safran gelb gefärbt und gebraten wird. Die *paella valenciana* enthält außerdem Fleisch, meist knusprig gebratenes Schweine- oder Hühnerfleisch, und je nach Jahreszeit verschiedene Gemüse wie grüne Erbsen, Bohnen, Paprika und anderes. In der *paella alicantina* finden Sie dazu noch reichlich Krabben, Muscheln, kleine Krebse, Stücke vom Tintenfisch und Zitronenscheiben. Eine gute Paella ist ein Fest für den Gaumen.

Die Spanier essen *paella* nur mittags, oft als einen unter mehreren Gängen. In den meisten Restaurants können Sie aber eine *paella* auch um Mitternacht bestellen. Sie wird immer frisch auf Bestellung gemacht und braucht ihre 30 Minuten Zubereitungszeit.

Fische und Meeresfrüchte
Aus den Fischen und Schalentieren des Mittelmeeres werden einige der berühmtesten Gerichte der Costa Blanca hergestellt. Sehr beliebt ist *zarzuela de mariscos*, die Variation eines katalanischen Rezepts mit vielen verschiedenen Zutaten, genau wie die spanische Operette, von der der Name stammt. Es ist eine Zusammenstellung aller möglichen Schalentiere, die zusammen mit Reis und einer raffinierten Soße aus Olivenöl, geriebenen Mandeln, bestimmten Gewürzen und Schokolade serviert werden. Allerdings nehmen es die Köche oft nicht so genau und fügen auch Tintenfisch und andere schalenlose Meerestiere hinzu.

Es gibt auch Langusten *(langosta)*, eine teure Delikatesse, die gelegentlich per 100 Gramm berechnet wird. *Gambas* sind Garnelen, *langostinos* die größeren Scampi. Versuchen Sie sie *a la plancha* (ge-

Meeresfrischer Fisch gehört an der Costa Blanca zu den köstlichen Grundspeisen.

grillt), *a la romana* (paniert in tiefem Fett gebraten) oder *al pil pil*, in einer scharfen, würzigen Soße. *Emperador* (Schwertfisch) schmeckt besonders gut vom Grill, und *lenguado* (Seezunge) mundet köstlich, ob paniert, gegrillt oder in Butter gedünstet. Versuchen Sie zur Abwechslung auch einmal *dorada* (Goldbrasse) *al sal:* der Fisch wird im ganzen in feuchtes Salz eingepackt und dann gebraten. Er kommt in der glänzend weißen Salzschale auf den Tisch, bevor er zerlegt wird.

Die oben genannten Fischgerichte sind relativ kostspielig. Preiswerter sind *calamares* (Kalmar, aus der Tintenfischfamilie), z.B. in schwimmendem Fett gebraten *(a la romana)*, gefüllt *(rellenos)* oder in der eigenen Tinte gekocht *(en su tinta)*. *Mejillones* (Muscheln) können sehr schmackhaft sein, wenn man sie mit etwas Weißwein und Knoblauch kocht. *Caballa*, die fleischigen Makrelen, bekommt man gelegentlich *ahumada* (geräuchert). Bei der Bestellung achten Sie besser auf eine genaue Aussprache, damit Sie nicht Pferdefleisch *(caballo)* oder rohe Zwiebeln *(cebolla)* auf Ihrem Teller finden.

Fleischgerichte

Fisch und Reis sind an der Costa Blanca die Hauptbestandteile der Küche. Man ißt auch Fleisch, aber nicht im gleichen Maße und in ähnlich phantasievoller Zubereitung wie die Meeresfrüchte.

Eine der örtlichen Spezialitäten ist *gazpachos* (wohlgemerkt mit *s* am Ende, im Gegensatz zur kalten Gemüsesuppe), ein pikantes Ragout aus Schweine- und Kaninchenfleisch, Huhn, Schnecken und vielleicht auch Rebhuhn oder Taube. Es wird

Mögen Sie Horchata?

Horchata, das kühle, erfrischende Nationalgetränk der Spanier, hat ein unvergeßliches Aroma: Zimt, Zitronenschale, Zucker und *chufas* (Erdmandeln), Reis oder Mandeln werden mit Wasser gemixt und auf Eis gestellt. Wer außer den einfallsreichen Mauren kann es erfunden haben? Heute wird *horchata* überall entlang der Costa Blanca von Straßenhändlern verkauft. Gehen Sie zu solch einem kleinen *puesto* (Stand), lassen Sie die Köstlichkeit durch Ihre Kehle rinnen, um sich abzukühlen. Falls Ihr Durst nicht zu löschen ist: es gibt auch Spezialtankstellen für *horchata*, die man – Sie haben es erraten – *horchateria* nennt.

in einer großen Bratpfanne geschmort und traditionellerweise auf einer Art Eierkuchen serviert, der als Tischtuch und Brot dient. *Criadillas*, Stierhoden, gelten als besondere Delikatesse. Wer Appetit auf etwas Spezielles hat, probiert *cabrito asado* (gebratenes Ziegenlamm) oder *cochinillo* (gebratenes Spanferkel), zwei teure, aber delikate Gerichte.

Alioli, eine geschlagene Soße aus frischem Knoblauch und Olivenöl, wird zu vielen Speisen gereicht.

Nachtisch

Eis, Obst oder Käse sind an der Costa Blanca der übliche Nachtisch. Im Sommer und Frühherbst schwelgen Sie in einer Auswahl herrlichster Früchte, und die Wochenmärkte strotzen von Erdbeeren, *nísperos* (eine Art Litschi), Trauben, Feigen, Melonen, Pfirsichen, Aprikosen, Himbeeren, Granatäpfeln, Pampelmusen, Zitronen, Mandarinen, Äpfeln, Birnen und sogar hiesigen Bananen, Ananas und Datteln.

Tapas

Eine *tapa* ist ein Mundvoll Leckerbissen, die auf ein Cocktailstäbchen passen und aus vielerlei bestehen können: Räucherspeck, Würstchen, Käse, Oliven (manche so groß wie Taubeneier), Sardinen, Pilze, Muscheln, Kalmar, Tintenfisch, Fleischbällchen, gebratener Fisch – dazu Soßen und exotisch aussehende Spezialitäten des Hauses. Der Name rührt von der alten, leider fast vergessenen Tradition her, einen kostenlosen Appetithappen mit jedem Getränk zu servieren. Er wurde auf einen kleinen Teller gelegt, der das Glas bedeckte und erhielt den Namen *tapa*: Deckel.

Ein Streifzug durch die Tapa-

Bars, besonders in den Gäßchen einer Altstadt, ist ein kulinarisches Vergnügen – mit Sicherheit teurer als ein herkömmliches Abendessen, aber das ist der Gaumenschmaus auch wert. Man braucht nur zu wissen: *una porción* ist gerade ein Happen, der nach mehr schmeckt, *una media-ración* ein halber und *una ración* ein voller Teller.

Machen Sie es wie die Spanier, stärken Sie sich mit Tapas!

Frühstück

Die Spanier beginnen ihren Tag mit einem einfachen Brötchen oder dem traditionellen *churro*, langen, dünnen Streifen aus Krapfenteig, die aus einer Maschine gepreßt und in heißem Olivenöl gebacken werden. Das goldbraune Gebäck wird mit Zucker bestäubt und manchmal mit Schokolade überzogen – man kann die unterhaltsame Prozedur oft an Ständen auf der Straße beobachten. In den meisten Hotels

Überall gibt es freundliche Cafés, ideale Tribünen, um bei einem Glas Wein die Mitwelt zu beäugen.

bekommen Sie aber auch ein regelrechtes Frühstück *(desayuno completo)* aus Fruchtsaft, Kaffee, Brötchen, Eiern und auch Schinken, wenn Sie mögen. Obwohl einem die Orangen praktisch in den Mund wachsen, ist es schwierig, frisch ausgepreßten Orangensaft zu bekommen. Fragen Sie nach *zumo natural de naranja.*

Mermelada bedeutet Marmelade aller Art. Kenner bestellen *mermelada de naranja;* wer es bitter mag, ißt *naranja amarga.*

Restaurants
Bekanntlich speisen die Spanier spät, aber überall, wo Touristen sind, wird man Ihnen »schon« um 13 Uhr das Mittagessen und um 20 Uhr das Abendessen servieren. Steuer und Bedienungsgeld sind in der Rechnung eingeschlossen, doch es ist üblich, ein kleines Trinkgeld von mindestens 5% zu hinterlassen.

Die Restaurants sind in Kategorien eingeteilt, erkennbar an einem Symbol in Form von Gabeln, wobei aber vor allem die Länge des Menüs, weniger die Qualität der Speisen ausschlaggebend ist. Fünf Gabeln bedeuten mehr Komfort, aber nicht unbedingt besseres Essen als zwei oder drei Gabeln. Alle Gaststätten müssen ein Tagesgericht *(menú del día)* auf die Speisekarte setzen, das aus drei guten Gängen und einer Karaffe recht ansprechenden Hausweins *(vino de la casa)* besteht.

Wer bei schlankem Geldbeutel mollig werden möchte, bestelle sich eine der traditionellen *potajes*, dicke Suppen aus Fleischbrühe und mit viel Gemüse- und anderen Zutaten in einem schlichten Restaurant mit einer oder gar keiner Gabel. Das spanische Omelett mit Kartoffeln, die goldbraune *tortilla española*, ist stets preiswert und sättigend.

Bars und Cafés

Ohne Bars und Cafés wäre das spanische Leben nicht vorstellbar. Sie sind die Zentren der Geselligkeit, wo die Arbeiter frühmorgens einen Schluck trinken und die Geschäftsleute sich treffen, wo alte Männer Karten spielen, und Freunde an Tischen im Freien zusammensitzen, um die Welt vorbeiflanieren zu sehen.

Es gibt Bars erster, zweiter und dritter Kategorie mit entsprechenden Preisunterschieden. Bedienung ist stets inbegriffen, aber ein kleines Trinkgeld von 5% ist üblich. Wenn man sein Getränk nicht an der Bar einnimmt, sondern es sich an den Tisch bringen läßt, zahlt man, besonders in Gegenden mit viel Fremdenverkehr, bis zu 15% mehr.

Weine und Spirituosen

Obwohl nordspanischer Wein als der beste gilt, ist der *vino* von der Costa Blanca sehr trinkbar und preiswert. Probieren Sie *Monóvar*, *Pinosa* und den leichteren, selteneren *Ricote* (alle als Rot-, Rosé- oder Weißweine erhältlich).

Vorsicht vor dem harmlos aussehenden roten *Judmilla*, der 18 Prozent Alkohol enthält! Das gleiche gilt für den starken Dessertwein aus Alicante, der in einer Dosis von 10 Tropfen lange Zeit als eins der besten Naturheilmittel berühmt war. Zwar hat er den alternden Ludwig XIV. von Frankreich nicht von seinen zahlreichen Leiden kuriert, aber er wirkt Wunder bei einem Kater. Versuchen Sie auf jeden Fall den bekannten *Moscatel* (Muskateller) der Costa Blanca, einen ausgezeichneten süßen, aromatischen Dessertwein.

Besuchen Sie auch eine *bodega,* eine der großen Weinkellereien, die man in den meisten Städtchen und Dörfern findet. Der Wein, der in den riesigen dunklen Fässern reift, die dort an den Wänden lagern, kostet nicht viel mehr als der *vino corriente* aus einem modernen Millionen-Liter-Tank. Doch wählen Sie sorgfältig aus, bevor Sie kaufen, besonders die billigeren Weine, die weniger als manche Sorten Mineralwasser kosten und nach Ihrem Geschmack gemischt werden. Behälter bezahlt man extra.

Sherry *(jerez),* ein mit Branntwein versetzter Wein, wird in Spanien seit vielen hundert Jahren hergestellt. An der Costa Blanca finden Sie alle weltbekannten Marken zu erschwinglichen Preisen.

Finos sind hell und trocken mit reichem Bouquet und werden als Aperitif getrunken, besonders *manzanillas,* die trockensten von allen, und *amontillados. Olorosos* (goldbraune und cremefarbene Sherries) sind süß und schwer und schmecken gut zum Dessert. Die halbtrockenen, bernsteingelben *amorosos* kann man als Aperitif und zum Dessert trinken.

Der spanische Sekt *(Cava)* ist ein preiswertes Massenprodukt, aber fast stets zu süß. Wer trockene Sorten bevorzugt, achte auf die Bezeichnung *brut. Seco* ist nie wirklich trocken und *dulce* leider sehr süß.

Es gibt andere moussierende Weine, *vinos espumosos,* die, leicht gekühlt, an einem heißen Tag sehr erfrischend sind. Der spanische Brandy, ursprünglich aus umgeschlagenem Sherry hergestellt, hat wenig Ähnlichkeit mit französischem Cognac, ist aber gut und zum Teil preiswert.

Liköre sieht man in Hülle und Fülle. Viele berühmte ausländische Marken werden in Lizenz hergestellt und sind bedeutend billiger als im Ursprungsland. Ein Blick auf die reich bestückten Regale der Bars belehrt Sie über die Vielfalt der spanischen Liköre, die meist süß und oft Kräuterliköre sind, so z. B. der *Cantuesco* aus Alicante, der dort seit 1867 hergestellt wird und außerhalb dieser Provinz unbekannt ist.

Sangría, ein geeistes Getränk aus Rotwein, Weinbrand, Mineralwasser, Fruchtsaft, Orangenscheiben, anderen Früchten und Zucker, ist köstlich bei Hitze – aber »umwerfend«.

Manch spanischer Wein steht einem Burgunder in nichts nach.

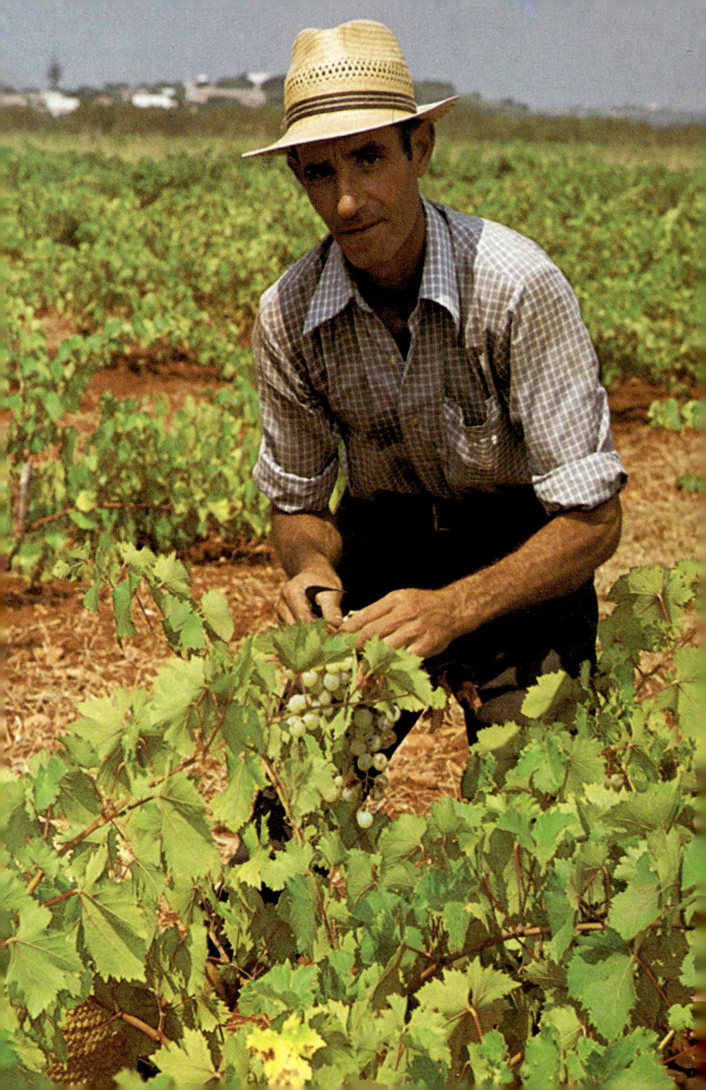

1 *Manchego-Käse* (queso de Manchego), **2** *Rioja-Wein* (vino de Rioja), **3** *Sherry* (vino de Jerez), **4** *Garnelen* (gambas), **5** *Sardinen* (sardinas), **6** *Kalmar* (calamares), **7** *Weißfischchen* (chanquetes), **8** *Trauben* (uvas), **9** *Muscheln* (almejas), **10** *Meerbrasse* (besugo), **11** *Paprikaschoten* (pimientos), **12** *Spanisches Omelett* (tortilla española), **13** *Salat* (ensalada), **14** *Kalte Gemüsesuppe* (gazpacho).

Alkoholfreie Getränke
Café con leche ist Milchkaffee »halb und halb«, *café cortado* wird stark, mit einem Schuß Sahne oder Milch serviert, und *café solo* ist schwarz und stark. Auch milderer Pulverkaffee ist erhältlich. Wenn Sie ihn koffeinfrei haben wollen, bestellen Sie *descafeinado*.

Horchata, ein süßes Erfrischungsgetränk, das wahrscheinlich von den Mauren erfunden wurde und aus gemahlenen Erdmandeln hergestellt wird, löscht den Durst an heißen Tagen und schmeckt köstlich milchig (siehe S. 92).

Lernen Sie auf spanisch bestellen...

Könnten wir einen Tisch haben?	**¿Nos puede dar una mesa?**
Haben Sie ein Tagesgedeck?	**¿Tiene un menú del día?**
Ich hätte gern...	**Quisiera...**

Besteck	**los cubiertos**	Nachtisch	**un postre**
Bier	**una cerveza**	Reis	**arroz**
Brot	**pan**	Salat	**una ensalada**
Fisch	**pescado**	Serviette	**una servilleta**
Fleisch	**carne**	Speiseeis	**un helado**
Früchte	**fruta**	Speisekarte	**la carta**
Glas	**un vaso**	Suppe	**una sopa**
Kartoffeln	**patatas**	Tee	**un té**
Milch	**leche**	Wasser	**agua**
Mineral- wasser	**agua mineral**	Wein	**vino**
		Zucker	**azúcar**

...und die Speisekarte lesen

aceitunas	Oliven	**cordero**	Lamm
albóndigas	Fleisch- klößchen	**entremeses**	Vorspeisen
		gambas	Garnelen
almejas	Muscheln	**jamón**	Schinken
atún	Thunfisch	**judías**	Bohnen
bacalao	Kabeljau	**langostinos**	Scampi
besugo	Meerbrasse	**lenguado**	Seezunge
boquerones	Sardellen	**mariscos**	Schalentiere
calamares	Kalmare	**mejillones**	Miesmuscheln
callos (a la madrileña)	Kutteln (mit *chorizo* und Tomaten)	**merluza**	Seehecht
		ostras	Austern
		pimiento	Paprikaschote
cangrejo	Krebs; Krabbe	**pollo**	Huhn
caracoles	Schnecken	**pulpitos**	Tintenfischchen
cerdo	Schweinefleisch	**queso**	Käse
chorizo	würzige Schweins- wurst	**salchichón**	Salamiwurst
		salmonete	Rotbarbe
		salsa	Soße
chuleta	Kotelett	**ternera**	Kalbfleisch
cocido madrileño	Eintopf aus Fleisch und Gemüse	**tortilla**	Kartoffelomelett
		uvas	Trauben
		verduras	Gemüse

BERLITZ-INFO

Reiseweg

MIT DEM FLUGZEUG

Linienflüge. Ab Frankfurt am Main, Zürich und Wien können Sie täglich nonstop nach Barcelona (mit Anschluß nach Alicante) fliegen. Von anderen Städten aus wird man auf einem dieser Flughäfen umsteigen müssen. Von Barcelona fliegen täglich mehrere Maschinen nach Alicante (und Valencia, seltener nach Murcia); die Flugzeit beträgt rund 45 Minuten. (Siehe auch FLUGHAFEN.)

Einzelflugreisen mit freier Wahl von Ab- und Rückflugdatum, Aufenthaltsdauer und Unterkunft sind die von der IATA genehmigten Inclusive Tours (IT). Erkundigen Sie sich nach den Sondertarifen für Jugendliche, Senioren, Studenten usw. und auch nach zeitlich beschränkten Angeboten (z.B. Wochenendtarife). Fly-and-drive-Buchungen (Mietwagen am Flugplatz) gelten für wenigstens zwei Personen und eine Aufenthaltsdauer ab 7 Tagen.

Pauschalreisen, Charterflüge usw. Man hat hier nur die Qual der Wahl, wer nichts Passendes findet, hat nicht lange genug gesucht. Die meisten Pauschalen sind natürlich nur während des Sommers gültig, andererseits gibt es »Überwinterungsangebote«, die sich vornehmlich an Senioren richten. Was die verbilligten Reiseangebote interessant macht, sind die damit verbundenen Ausflüge und Rundfahrten, manchmal auch Besichtigungen. Dafür müssen Sie in Kauf nehmen, daß man Ihnen kein kleines ruhiges Hotel mit der Atmosphäre eines spanischen Landgasthofes anbieten kann.

MIT AUTO ODER BUS

Auf schnellstem Wege. Ganz so schnell wird man auch auf dem schnellsten Weg – nämlich auf den fast durchgehenden Autobahnen oder Autoschnellstraßen – nicht den Strand von Benidorm erreichen. Schließlich sind es von Frankfurt am Main aus z.B. mehr als 1800 km, die den Sonnenhungrigen von Alicante trennen. Denken Sie daran, daß die Autobahnen in Frankreich und in der Schweiz *(Vignette)* gebührenpflichtig sind; und man tut in Frankreich bei Verkehrsstaus gut daran, den beschilderten Ausweichstrecken zu folgen. Die an den Hauptverkehrsstraßen gelegenen Grenzübergänge sind Tag und Nacht geöffnet.

Package-Touren. Einige Reisebüros und auch Automobilklubs helfen demjenigen, der nicht aufs Geratewohl ans Urlaubsziel rollen möchte. Sie stellen unter landschaftlichen und kunstgeschichtlichen Gesichtspunkten eine Reiseroute mit km-Angabe, Preistabellen und besonderen Hinweisen zusammen, die die individuellen Wünsche des Kunden berücksichtigt.

Autobus. Zahlreiche Reisebüros organisieren regelmäßig Busausflüge nach Valencia, Alicante, Benidorm usw. Fragen Sie auch nach Europabus-Verbindungen.

MIT DER BAHN

Es gibt keine Kurswagen mit Ziel Costa Blanca. Die internationalen Züge verkehren alle mit Endstation Madrid, Barcelona oder Valencia; von dort gibt es jeweils Anschluß nach Alicante. Leider muß bei den meisten Verbindungen wegen der unterschiedlichen Spurbreite immer noch an der spanischen Grenze der Zug gewechselt werden. Schließlich muß man angesichts der Länge der Reise dringend raten, einen Liegewagen- oder Schlafwagenplatz zu buchen. Vergünstigungen bietet jungen Leuten bis 26 Jahre das *Inter-Rail*-Ticket, und auch Senioren können zu ermäßigten Preisen mit der Bahn fahren. Erkundigen Sie sich auch nach der RENFE Touristenkarte der nationalen spanischen Eisenbahngesellschaft.

Autoreisezüge. Eine Entlastung für Autofahrer sind sowohl die deutschen Binnenverbindungen als auch die Strecken Paris–Avignon, Paris–Narbonne oder Paris–Madrid. Sehr interessant sind die »Huckepackzüge« von vielen deutschen Großstädten nach Narbonne, Avignon oder auch nach Fréjus (Saint-Raphaël).

Reisezeit

Im Sommer nimmt ganz Nordeuropa Spanien im Sturm – und alle Beteiligten scheinen dabei auf ihre Rechnung zu kommen. Wer es einrichten kann, ist allerdings gut beraten, auf die Randmonate Mai–Juni und September–Oktober auszuweichen. Im Winter sind die Temperaturen zwar mild, doch regnet es dann häufiger. Nachstehend eine Tabelle mit den durchschnittlichen Lufttemperaturen.

	J	F	M	A	M	J	J	A	S	O	N	D
Höchstwert	16	17	20	22	26	29	32	32	30	25	21	17
Mindestwert	7	6	8	10	13	15	19	20	18	15	10	7

Mit soviel müssen Sie rechnen

Nachstehend geben wir einige Preisbeispiele in spanischen Peseten (Ptas.) an, damit Sie sich eine Vorstellung von Ihren Ausgaben machen können. Beachten Sie jedoch, daß auch in Spanien kaum etwas billiger wird. Zu vielen Preisen kommt eine Mehrwertsteuer (IVA) von 6–12% hinzu.

Autoverleih (internationale Firma). *Seat Panda* Ptas. 1430 pro Tag, Ptas. 11 pro km, Ptas. 11 200 pro Woche ohne Kilometerbegrenzung. *Ford Escort 13* Ptas. 2550 pro Tag, Ptas. 23 pro km, Ptas. 26 400 pro Woche ohne Kilometerbegrenzung. *Renault Diesel* Ptas. 4900 pro Tag, Ptas. 47 pro km, Ptas. 63 000 pro Woche ohne Kilometerbegrenzung. Zuzüglich 12% Steuer.

Camping (pro Tag). *Luxus:* Erwachsener Ptas. 450, Kind Ptas. 350, Auto Ptas. 500, Zelt Ptas. 450, Wohnwagen oder -mobil Ptas. 450, Motorroller Ptas. 300. *Einfache Plätze:* Erwachsener Ptas. 250, Kind Ptas. 190, Auto Ptas. 450, Zelt Ptas. 250, Wohnwagen Ptas. 280, Motorroller Ptas. 190. Zuzüglich 6% Steuer.

Flughafenverbindungen. Bus von El Altet nach Alicante Ptas. 50, Taxi nach Alicante um Ptas. 1800, nach Benidorm Ptas. 4000.

Friseur. *Damen:* Schneiden, Waschen und Legen oder Fönen Ptas. 1200–2200. *Herren:* Haarschnitt Ptas. 800–2000.

Hotels (Doppelzimmer mit Bad). ***** ab Ptas. 11 000, **** ab Ptas. 8000, *** ab Ptas. 5000, ** ab Ptas. 4000, * ab Ptas. 3000. Zuzüglich 8% Steuer.

Lebensmittel. Weißbrot Ptas. 37 (dunkles ab Ptas. 160), 125 g Butter Ptas. 125, 12 Eier ab Ptas. 180, 1 kg Rindssteak Ptas. 1900, 250 g Kaffee Ptas. 175, 100 g Pulverkaffee Ptas. 325, 1 l Fruchtsaft Ptas. 180, 1 Flasche Wein ab Ptas. 100.

Mahlzeiten und Getränke. Frühstück Ptas. 400–500, *plato del día* ab Ptas. 500, Mittag-/Abendessen (gutes Lokal) ab Ptas. 1500, Bier (kleine Flasche oder Glas) Ptas. 60–110, Kaffee Ptas. 75–120, spanischer Weinbrand ab Ptas. 70–110, alkoholfreies Getränk ab Ptas. 110.

Sport. *Golf* (pro Tag) Platzmiete ab Ptas. 3000, Caddie Ptas. 1000. *Tennis* (pro Stunde) Platzmiete Ptas. 500, Unterricht ab Ptas. 1000. *Windsurfen* ab Ptas. 1200 pro Stunde. *Reiten* Ptas. 1000 pro Stunde.

Taxi. Grundgebühr Ptas. 65, im Stadtgebiet Ptas. 40 pro km. Langstreckentarife aushandeln.

Unterhaltung. Stierkampf ab Ptas. 2200, Kino ab Ptas. 300, Nachtklub mit Flamenco (Eintritt und erstes Getränk) ab Ptas. 2000, Diskothek ab Ptas. 1000.

Zigaretten (20). Spanische Ptas. 50–120, ausländische ab Ptas. 180.

Praktische Hinweise von A bis Z

> Die spanische Übersetzung der Stichwörter (meist in der Einzahl) wird Ihnen nützlich sein, falls Sie jemanden um Auskunft oder Hilfe bitten wollen.
>
> Ein Sternchen (*) bei einem Stichwort weist auf Preisbeispiele S. 103 hin.

A

ANHALTER *(auto-stop)*. In Spanien ist trampen überall erlaubt. Falls Sie im Freien übernachten, sollten Sie darauf achten, daß sich Ihre Schlafstelle nicht in unmittelbarer Nähe eines Campingplatzes befindet; es kommt häufig vor, daß Polizeistreifen die Schläfer aufwecken, um ihre Papiere zu prüfen.

Können Sie uns nach … mitnehmen?	**¿Puede llevarnos a …?**

ÄRZTLICHE HILFE. Wenn Sie gegen Krankheit und Unfall versichert sind, sollten Sie sich rechtzeitig vor Reisebeginn einen Auslandskrankenschein besorgen. Gegen diesen Krankenschein erhalten Sie von den spanischen Vertragsgesellschaften Behandlungsgutscheine. Für Medikamente muß allerdings in den Apotheken ein kleiner Kostenanteil bezahlt werden. In Notfällen können Behandlungsgutscheine nachgereicht werden.

Für Nichtversicherte: Es empfiehlt sich, über ein Reisebüro eine Versicherung bei der spanischen Touristenversicherung ASTES abzuschließen. Sie kommt für Arzt- und Krankenhauskosten auf.

Sie sollten – vor allem in den ersten Ferientagen – die spanische Sonne, die guten, ölreichen Mahlzeiten und die preisgünstigen alkoholischen Getränke mit Maßen genießen und beim Sonnenbaden oder direkt danach nichts Eisgekühltes trinken.

Für kleinere Behandlungen wenden Sie sich am besten an die örtche Unfallstation *(casa de socorro* oder *dispensario)*. Schnelle Hilfe vermitteln Ihnen der Hotelempfang oder die nächste Polizeiwache.

Die Apotheken *(farmacia)* sind während der üblichen Geschäftszeiten geöffnet. In größeren Orten gibt es eine Dienstapotheke, deren Name und Adresse bei allen anderen Apotheken angeschlagen sind.

Im Ausland erkrankte Urlauber können telefonisch einen Arzt um Rat fragen. Der Telefon-Arzt, der unter der ADAC-Nummer München (089) 222222 täglich von 8 bis 17 Uhr errreichbar ist, vermittelt den nächsten deutschsprechenden Arzt, nimmt gegebenenfalls Kontakt mit seinem ausländischen Kollegen auf und organisiert den eventuell notwendigen Rücktransport des Kranken.

Ich brauche einen Arzt/Zahnarzt.	**Necesito un médico/un dentista.**
Hier tut es mir weh.	**Me duele aquí.**
Fieber	**fiebre**
Magenbeschwerden	**molestias de estómago**
Sonnenbrand	**quemadura de sol**

AUTOFAHREN IN SPANIEN

Für die Einreise sind nötig:

Führerschein (siehe unten)	gültige Kraftfahrzeugzulassung	grüne Versicherungskarte

Es wird dringend empfohlen, einen Auslandsschutzbrief mitzunehmen und eine Vollkasko-Versicherung abzuschließen. Falls Sie einen anderen Verkehrsteilnehmer verletzen, können Sie mit einer Kaution die Untersuchungshaft vermeiden. Erkundigen Sie sich bei Ihrer Versicherungsgesellschaft oder einem Automobilklub.

Für Deutsche, Österreicher und Schweizer genügt der nationale Führerschein. Der internationale enthält eine spanische Übersetzung, deshalb könnte er bei Schwierigkeiten mit der Polizei nützlich sein.

An der Rückseite Ihres Autos muß gut sichtbar das Nationalitätskennzeichen angebracht sein. Sicherheitsgurte sind ebenfalls Vorschrift; wer sie nicht anlegt, muß mit einer Geldstrafe rechnen.

Verkehrsverhältnisse. Die Vorschriften entsprechen den in Mitteleuropa üblichen. Die Spanier benutzen die Hupe gern und oft, besonders auch beim Überholen.

Die Hauptstraßen sind in recht gutem Zustand und werden laufend verbessert. Landstraßen weisen hingegen oft Schlaglöcher auf. Die größte Gefahr jedoch liegt im ungeduldigen Temperament der Spanier, die beim Überholen meist mehr ihrem Glück als dem gesunden Menschenverstand vertrauen. Die meisten Unfälle passieren denn auch bei gefährlichen Überholmanövern.

Geschwindigkeitsbeschränkung. Die Höchstgeschwindigkeit auf Autobahnen beträgt 120 km/h, auf anderen Straßen 90 oder 100 km/h, in Ortschaften 60 km/h.

A **Verkehrspolizei.** Die bewaffnete Guardia Civil kontrolliert auf schweren Motorrädern die Autobahnen. Die immer zu zweit patrouillierenden Polizisten sind höflich und hilfsbereit (bei Pannen), jedoch unnachsichtig bei Gesetzesübertretungen.

Bußen müssen meist an Ort und Stelle bar bezahlt werden. Die am häufigsten geahndeten Vergehen sind Überholen ohne vorheriges Blinken, zu dichtes Aufschließen oder Fahren mit defekten Scheinwerfern. (In Spanien ist es Pflicht, einen Satz Ersatzbirnen im Auto mitzuführen.)

Bei einem **Verkehrsunfall** müssen Sie sich wenn irgend möglich zwei spanische (nicht ausländische!) Zeugen sichern und Ihre Haftpflichtversicherung sowie die spanische Korrespondenzgesellschaft sofort telegrafisch benachrichtigen. Verständigen Sie in ernsteren Fällen unbedingt auch Ihren Automobilklub und das nächste Konsulat Ihres Heimatlandes, und geben Sie niemandem eine Schuldanerkenntnis.

Notrufstation. Spanien-Reisende, die Probleme während ihres Aufenthalts zu lösen haben, können sich unter Tel. (95) 22 10 46 an die Notrufstation in Alicante wenden. Sie wird vom ADAC betrieben und ist im Sommer tagsüber (wochentags) erreichbar (siehe auch NOTFÄLLE).

ADAC-Notrufzentrale München; Tel. (07/49/89) 22 22 22
TCS-Alarmzentrale, Genf; Tel. (07/41/22) 37 12 12
ÖAMTC, Salzburg; Tel. (07/43/622) 20501

Entfernungen. Zur Orientierung geben wir Ihnen einige Entfernungen zwischen wichtigen Ortschaften an.

Alicante–Albacete	165 km	Benidorm–Cabo de San Antonio	55 km
Alicante–Barcelona	520 km	Benidorm–Cabo La Nao	65 km
Alicante–Benidorm	45 km	Benidorm–Calpe	20 km
Alicante–Elche	25 km	Benidorm–Denia	60 km
Alicante–Gibraltar	665 km	Benidorm–Jávea	50 km
Alicante–Málaga	520 km	Benidorm–Moraira	35 km
Alicante–Murcia	80 km	Benidorm–Villajoyosa	10 km
Alicante–Valencia	180 km		

Pannen. Spanische Reparaturwerkstätten arbeiten so gut wie ihre Kollegen in anderen europäischen Ländern, und wahrscheinlich wird Sie eine Reparatur in Spanien weniger teuer zu stehen kommen als zu Hause. Ersatzteile für Autos, die in Spanien in Lizenz hergestellt werden – *Seat, Renault, Simca, Dodge, Citroën, Morris* und *Austin Mini* und *1100* – sind leicht erhältlich, für andere Marken müssen Sie mit längeren Wartezeiten rechnen. Lassen Sie Ihr Auto auf jeden Fall vor Antritt Ihrer Reise in den Süden gründlich überholen.

Parken. In den meisten Städten gibt es bestimmte Zonen, in denen Sie während der sog. Arbeitsstunden (*horas laborables*) nur mit einer entwerteten Karte parken dürfen. Diese Karten können Sie in Tabakläden kaufen.

Verkehrszeichen. Sie entsprechen in den meisten Fällen der internationalen Norm, doch tragen einige davon eine spanische Aufschrift:

¡Alto!	Halt!
Aparcamiento	Parkplatz
Autopista (de peaje)	(gebührenpflichtige) Autobahn
Ceda el paso	Vorfahrt beachten
Cruce peligroso	Gefährliche Kreuzung
Cuidado	Vorsicht
Despacio	Langsam fahren
Desviación	Umleitung
Peligro	Gefahr
Prohibido adelantar	Überholen verboten
Prohibido aparcar	Parken verboten
Puesto de socorro	Erste-Hilfe-Station
(internationaler) Führerschein	**carné de conducir (internacional)**
Wagenpapiere	**permiso de circulación**
grüne Versicherungskarte	**carta verde**
Volltanken, bitte, mit...	**Llénelo, por favor, con...**
Super/Normal/Bleifrei/ Diesel	**Super/normal/sin plomo/ diesel**
Bitte kontrollieren Sie das Öl/die Reifen/die Batterie.	**Por favor, controle el aceite/los neumáticos/la batería.**
Ich habe eine Panne.	**Mi coche se ha estropeado.**
Es ist ein Unfall passiert.	**Ha habido un accidente.**

AUTOVERLEIH* *(coches de alquiler).* Niederlassungen mehrerer Autoverleihfirmen finden Sie in allen größeren Orten sowie in den meisten Ferienzentren. Die Preise sind unterschiedlich, und es lohnt sich, ein wenig Marktforschung zu treiben. Offiziell wird ein internationaler Führerschein verlangt, doch in der Praxis begnügt man sich fast immer mit Ihrem nationalen Führerschein. Es besteht allerdings die Möglichkeit, daß sich die Polizei bei einer Kontrolle nicht damit zufriedengibt.

Ihr Mietauto wird in den meisten Fällen ein Seat sein. Falls Sie nicht im Besitz einer international bekannten Kreditkarte sind, müssen Sie bei Vertragsabschluß eine Kaution in Höhe der ungefähren Miet-

A summe bezahlen. Auf die Gesamtsumme wird die Mehrwertsteuer berechnet. Vergewissern Sie sich, ob in Ihrem Vertrag die Haftkaution (siehe AUTOFAHREN) eingeschlossen ist. Fragen Sie nach saisonbedingten Vergünstigungen.

Ich möchte (für morgen) ein Auto mieten.	**Quisiera alquilar un coche (para mañana).**
für einen Tag/eine Woche	**por un día/una semana**
Mit Vollkaskoversicherung, bitte.	**Haga el favor de incluir el seguro a todo riesgo.**

B **BEKANNTSCHAFTEN.** Höflichkeit und Freundlichkeit im Umgang mit den Mitmenschen werden auch in Spanien wichtig genommen. Vergessen Sie deshalb nie, mit *buenos días* (»Guten Morgen« oder »Guten Tag«) und später am Tag mit *buenas tardes* (»Guten Nachmittag«) zu grüßen, selbst wenn Sie nur nach dem Weg fragen oder ein Getränk bestellen wollen, und verabschieden Sie sich immer mit einem freundlichen *adiós* (»Auf Wiedersehen«).

C **CAMPING*** *(camping).* Offizielle Campingplätze gibt es entlang der gesamten Costa Blanca. Der Standard ist verschieden, jedoch haben praktisch alle mindestens Strom und fließendes Wasser. Auf einigen Plätzen sind auch Lebensmittelgeschäfte, Kinderspielplätze, Restaurants, Schwimmbecken und sogar Wäschereien vorhanden. Ein vollständiges Verzeichnis der Campingplätze erhalten Sie bei allen Vertretungen des offiziellen spanischen Fremdenverkehrsamtes (Adressen siehe FREMDENVERKEHRSÄMTER).

Dürfen wir hier zelten?	**¿Podemos acampar aquí?**
Wir haben ein Zelt/einen Wohnwagen.	**Tenemos una tienda de camping/una caravana.**

D **DIEBSTAHL und VERBRECHEN.** Auch Spanien zählt inzwischen immer mehr Diebstähle und Einbrüche. Achten Sie auf Hand- und Brieftaschen, ganz besonders an Orten, wo viel Betrieb herrscht – an Volksfesten, beim Stierkampf oder auf Märkten. Wertsachen lassen Sie am besten im Hotelsafe verwahren, sie gehören keinesfalls an den Strand. Räumen Sie Ihren Wagen aus, und lassen Sie keine Taschen,

Kameraetuis und ähnliches sichtbar darin liegen. Melden Sie einen Diebstahl immer der Guardia Civil. Sie wird zwar nur selten Ihr Eigentum aufspüren, doch haben Sie Unterlagen, um den Fall Ihrer Versicherung zu melden.

Ich möchte einen Diebstahl melden.	**Quiero denunciar un robo.**
Meine Fahrkarte/Handtasche/ Brieftasche/mein Paß ist gestohlen worden.	**Me han robado mi billete/ bolso/cartera/pasaporte.**

FEIERTAGE *(fiesta)*

1. Januar	*Año Nuevo*	Neujahr
6. Januar	*Epifanía (Los Reyes)*	Dreikönigstag
1. Mai	*Día del Trabajo*	Tag der Arbeit
25. Juli	*Santiago Apóstol*	Jakobstag
15. August	*Asunción*	Mariä Himmelfahrt
12. Oktober	*Fiesta Nacional*	Nationalfeiertag
1. November	*Todos los Santos*	Allerheiligen
6. Dezember	*Día de la Constitución Española*	Verfassungstag
25. Dezember	*Navidad*	Weihnachten
Bewegliche Feiertage:	*Jueves Santo*	Gründonnerstag
	Viernes Santo	Karfreitag
	Lunes de Pascua	Ostermontag (nur Katalonien)
	Corpus Christi	Fronleichnam
	Inmaculada Concepción	Mariä Empfängnis (normalerweise 8. Dezember)

Dies sind die Feiertage, die in ganz Spanien gefeiert werden; dazu kommen noch lokale Feiertage und Feste der verschiedenen Berufsgruppen. Nach diesen erkundigen Sie sich am besten im örtlichen Fremdenverkehrsamt oder in Ihrem Hotel.

FLUGHAFEN* *(aeropuerto).* Der Flughafen von Alicante, El Altet, wird aus dem In- und Ausland angeflogen. Sie finden ein Restaurant,

F Imbißstuben, Auskunftsschalter, eine Wechselstube, Niederlassungen von Autoverleihfirmen, einen Duty-free-Shop und ein Postamt, das von 9 bis 14 Uhr geöffnet ist.

Die Gepäckträger tragen ein Schildchen, auf dem der Tarif für ihre Dienste angegeben ist.

Taxis sind in genügender Anzahl vorhanden, doch können Sie ebensogut – und billiger – den Flughafenbus benutzen.

Wo fährt der Bus nach …?	¿De dónde sale el autobús para …?
Wann fährt der Bus nach …?	¿A qué hora sale el autobús para …?

FOTOGRAFIEREN *(fotografía)*. In Spanien stellt die Belichtung – vor allem während der Mittagszeit – einige Probleme. Wegen der blendenden Spiegelungen des Meeres oder der weißgetünchten Hausmauern können Sie sich nicht unbedingt auf den Belichtungsmesser Ihrer Kamera verlassen und müssen unter Umständen eine längere Belichtungszeit oder eine größere Blende wählen. Lesen Sie noch einmal die Gebrauchsanweisung Ihrer Kamera oder lassen Sie sich vor der Abreise von Ihrem Fotohändler beraten.

Die meisten bekannten Filmmarken und Formate sind in Spanien erhältlich, die Preise für eingeführtes Fotomaterial jedoch hoch. Die spanischen Filme *Negra* und *Valca* (Schwarzweiß) und *Negracolor* (Farbe) sind gut und bedeutend billiger als importierte Marken.

Fotogeschäfte in größeren Orten entwickeln und kopieren Schwarzweiß- und Farbfilme innerhalb von ein oder zwei Tagen. Filme, die an Agfa oder Kodak in Madrid gesandt werden, kommen jedoch kaum vor einer Woche zurück.

Ich möchte einen Film für diese Kamera.	**Quisiera un carrete para esta máquina.**
ein Schwarzweißfilm	**un carrete en blanco y negro**
ein Farbfilm	**un carrete por película en color**
ein Farbdiafilm	**un carrete de diapositivas**

FREMDENFÜHRER *(guía)*. Es gibt zur Zeit an der Costa Blanca keine offizielle Vermittlungsstelle für Fremdenführer. Wenden Sie sich an das jeweilige örtliche Fremdenverkehrsamt, das in den meisten

Fällen eine Reihe von Fremdenführern zur Hand hat. Es gibt auch selbständige Führer, die Ihnen ihre Dienste anbieten. Erkundigen Sie sich in jedem Fall im voraus nach dem Preis.

Wir möchten einen deutsch-sprachigen Fremdenführer.	**Queremos un guía que hable alemán.**
Ich brauche einen deutsch-sprachigen Dolmetscher.	**Necesito un intérprete de alemán.**

FREMDENVERKEHRSÄMTER *(oficinas de turismo)*. Folgende Niederlassungen des offiziellen spanischen Fremdenverkehrsamtes im Ausland werden Sie gerne beraten:

Düsseldorf: Spanisches Fremdenverkehrsamt, Graf-Adolf-Straße 81; Tel. (0211) 37 04 67.

Frankfurt am Main: Spanisches Fremdenverkehrsamt, Bethmannstr. 50–54 und Steinweg 5; Tel. (069) 28 57 60 und 28 27 82–83.

München: Spanisches Fremdenverkehrsamt, Oberanger 6; Tel. (089) 26 75 84.

Wien: Spanisches Fremdenverkehrsamt, Rotenturmstr. 27; Tel. (01) 535 31 91 und 533 14 25.

Zürich: Spanisches Fremdenverkehrsamt, Seefeldstraße 19; Tel. (01) 252 79 31.

Von diesen Büros erhalten Sie nicht nur Broschüren über die spanischen Städte und Gegenden, sondern auch Einsicht in das Hotelverzeichnis mit Preisen und Kategorienangaben.
  Selbstverständlich befindet sich auch in jedem größeren Ort ein lokales Fremdenverkehrsamt.

Wo befindet sich das Fremdenverkehrsamt?	**¿Dónde está la oficina de turismo?**

FRISEUR* *(barbería; peluquería)*. Die meisten großen Hotels haben eigene Friseursalons, und der Standard ist im allgemeinen hoch. Lassen Sie sich einen Tag vorher telefonisch anmelden. Die Öffnungszeiten sind im Sommer von Montag bis Samstag 9–13 und 16.30–21 Uhr,

F im Winter 9–13 und 15.30–19 oder 20 Uhr von Montag bis Freitag, am Samstag nur 9–13 Uhr.

Haarschnitt	**corte**
Waschen und Legen	**lavado y marcado**
mit dem Fön trocknen	**modelado**

FUNDSACHEN. Versuchen Sie sich zu erinnern, wo Sie den Gegenstand vergessen oder verloren haben könnten. Fragen Sie auch im Hotel nach. Bringt dies keinen Erfolg, melden Sie den Verlust der Polizei oder der Guardia Civil.

Ich habe meine Handtasche/Brieftasche/ meinen Paß verloren.	**He perdido mi bolso/cartera/ pasaporte.**

G GELDANGELEGENHEITEN

Währung. Währungseinheit ist die *peseta* (abgekürzt *pta.*).
  Münzen: 1, 2, 5, 10, 25, 50, 100, 200 und 500 Peseten.
  Banknoten: 200, 500, 1000, 2000, 5000 und 10 000 Peseten.
  Die 5-Peseten-Münze wird *duro* genannt; wenn der Preis also 10 *duros* beträgt, sind damit 50 Peseten gemeint.

Banken. Öffnungszeiten: Montag bis Freitag 9–14 Uhr, Samstag bis 13 Uhr. Außerhalb dieser Öffnungszeiten können Sie auch in einem *cambio* (Wechselstube) oder in Ihrem Hotel Geld umtauschen. Für Reiseschecks erhalten Sie einen etwas günstigeren Wechselkurs als für Bargeld. Nehmen Sie zum Geldwechseln immer Paß, Personalausweis oder Identitätskarte mit, da nur diese als Ausweis akzeptiert werden.

Kreditkarten. Alle international anerkannten Karten werden in Hotels, Restaurants und Geschäften als Zahlungsmittel angenommen.

Reiseschecks. Fast überall werden Reiseschecks in Zahlung genommen. Denken Sie aber daran, daß Sie einen besseren Wechselkurs erhalten, wenn Sie sie in einer Bank zu Bargeld machen.

Eurocheques. Auch beim Bezahlen mit »ec«-Geld gibt es im allgemeinen keine Schwierigkeiten.

Ich möchte D-Mark/Schillinge/ Schweizer Franken wechseln.	**Quiero cambiar marcos alemanes/ chelines austríacos/francos suizos.**
Nehmen Sie Reiseschecks?	**¿Acepta usted cheques de viaje?**
Kann ich mit dieser Kreditkarte zahlen?	**¿Puedo pagar con esta tarjeta de crédito?**

GOTTESDIENSTE *(servicio religioso)*. Die Spanier gehören in überwiegender Zahl dem römisch-katholischen Glauben an. An der Costa Blanca werden regelmäßig deutschsprachige Messen für Touristen gelesen, und zwar nicht nur katholische, sondern auch evangelische. Gottesdienstzeit und -ort erfahren Sie beim Hotelempfang oder beim Fremdenverkehrsbüro.

HOTELS* und ANDERE UNTERKÜNFTE *(hotel; alojamiento)*. Die staatliche Kontrolle über die Hotelpreise ist in Spanien inzwischen aufgehoben worden. Bevor Sie Ihr Zimmer beziehen können, müssen Sie ein Formular unterschreiben, auf dem Hotelkategorie, Zimmernummer und Preis vermerkt sind. Das Frühstück ist gewöhnlich im Preis inbegriffen.

Bei der Anmeldung werden Sie wahrscheinlich Ihren Paß für eine kurze Zeit am Hotelempfang zurücklassen müssen, damit man das Anmeldeformular korrekt ausfüllen kann.

Andere Unterkünfte

Hostal und **Hotel-Residencia.** Einfacher Gasthof, oft Familienbetrieb, mit Sternen in Kategorien eingeteilt.

Pensión. Gästeheim mit wenig Komfort.

Fonda. Einfacher, sauberer Landgasthof.

Parador. Staatlich geleitete Hotels, meist außerhalb der Städte. Frühzeitige Reservierung wird empfohlen, vor allem in der Hochsaison.

Einzel-/Doppelzimmer mit/ohne Bad/Dusche	**una habitación sencilla/doble con/sin baño/ducha**
Wieviel kostet eine Nacht?	**¿Cuál es el precio por noche?**

KARTEN und PLÄNE. Straßenkarten werden praktisch an allen Tankstellen, in Buchhandlungen und an Zeitungsständen verkauft. Die ausführlichste Karte von Spanien, aber keineswegs immer narrensicher, ist der offizielle Atlas im Maßstab 1:400 000, der vom Verkehrsministerium herausgegeben wird.

Seit dem Tod Francos sind viele Platz- und Straßennamen geändert worden. Es kann also vorkommen, daß Sie eine Straße suchen, deren Name auf dem Stadtplan – vor allem wenn er älteren Datums ist – noch nicht steht. In diesem Falle fragen Sie am besten einen Einheimischen.

K

Zudem sind Straßenschilder heutzutage sowohl auf kastilisch als auch auf *valenciano* beschriftet – eine Tatsache, die nicht auf jeder Karte berücksichtigt ist.

Die Karten und Pläne in diesem Führer wurden vom Falk-Verlag, Hamburg, ausgearbeitet.

ein Stadtplan von ...	**un plano de la ciudad de ...**
eine Straßenkarte dieser Gegend	**un mapa de carreteras de esta comarca**

KINDER. Die Costa Blanca bietet folgende Unterhaltungsmöglichkeiten für Kinder – und auch deren Eltern:

Europa Park. Ausgedehnter Vergnügungspark im Zentrum von Benidorm mit vielen Attraktionen für jedes Alter.

Acualand. Benidorms großer Badespaß auf Rutschbahnen und in Schwimmbecken.

Safari Park Vergel. Tierpark mit Delphinarium, befindet sich 100 km von Alicante entfernt an der Straße ins Landesinnere von Vergel nach Pego. Auf die Kleinen warten Moto-Cross-Räder, Elektro-Boote, Pferde, Ponys, Sprungmatratzen, Go-Karts usw.

Babysitter. Wenn Sie einen Babysitter brauchen, wenden Sie sich am besten an den Hotelempfang. Zwar haben die wenigsten Hotels angestellte »Kinderhüter«, doch wird man Ihnen auf jeden Fall jemanden Verläßlichen vermitteln. Wer ein Pauschalarrangement gebucht hat, kann sich auch an die Reiseleitung wenden.

Können Sie mir für heute abend einen Babysitter besorgen?	**¿Puede conseguirme una canguro para cuidar los niños esta noche?**

KLEIDUNG. Alles, was Sie für einen sehr warmen Sommer im europäischen Norden brauchen, trägt sich an der Costa Blanca gut. Zwischen Juli und Anfang September werden Sie tagsüber kaum je eine Jacke überziehen müssen, es ist aber empfehlenswert, sie für den Abend zumindest bereitzuhalten. Während der übrigen Monate, vor allem von November bis März, werden Sie des kühlen Windes wegen eine Jacke oder einen warmen Überzieher gut brauchen können. Wenn Sie in die Berge im Landesinneren fahren, sollten Sie auch im August eine Jacke mitnehmen.

Die Regel, daß Frauen bei Kirchenbesuchen eine Kopfbedeckung tragen müssen, wird immer weniger beachtet. Immer noch absolut selbstverständlich ist aber, daß Frauen wie Männer bei Kirchenbesuchen passend angezogen sind – kurze Hosen und tiefe Dekolletés sind hier fehl am Platz.

KONSULATE *(consulado)*

BRD: San Francisco, 67, Alicante; Tel. 21 70 60.
Primado Reig, 70, Valencia; Tel. 361 43 54.

Österreich: Francisco Cubells, 43, Valencia; Tel. 367 16 58.

Schweiz: Gran Vía de Carlos III, 94, Barcelona; Tel. 330 92 11.
Puerta del Mar, 8, Málaga; Tel. 21 72 66.

Wenden Sie sich in Notfällen wie Paßverlust, schwerer Autounfall usw. an das Konsulat Ihres Heimatlandes. Nach den Bürozeiten erkundigen Sie sich am besten vorher telefonisch.

NOTFÄLLE. Wenn Sie sich bei einem Notfall nicht im Hotel befinden, rufen Sie die städtische Polizei (091) oder die Guardia Civil. Nehmen Sie, wenn immer möglich, jemanden mit, der Spanisch spricht. Je nach Art der Notlage finden Sie nützliche Hinweise unter den Einträgen ÄRZTLICHE HILFE, KONSULATE, POLIZEI, AUTOFAHREN.

In ernsten Fällen finden Spanien-Reisende aus dem deutschsprachigen Raum ebenfalls Hilfe bei den folgenden **Notrufstationen,** die von Automobilklubs betrieben werden:

Alicante	Tel. (95) 22 10 46
Barcelona	Tel. (93) 200 88 00
Valencia	Tel. (96) 360 05 04

ÖFFENTLICHE VERKEHRSMITTEL

Busse *(autobús).* Vom Busbahnhof in Alicante haben Sie gute Verbindungen zu fast allen Orten der Costa Blanca und auch anderen Regionen von Spanien. Die Busse fahren in der Regel etwa alle Stunde. Die Fahrkarten kaufen Sie im voraus am entsprechenden Schalter in der Halle. Die Sitzplätze sind numeriert. Wenn mehr Fahrgäste warten als Sitzplätze in einem Bus vorhanden sind, wird ein weiterer Bus eingesetzt. Achten Sie also nicht nur auf die Sitznummer, sondern auch auf die Autobusnummer auf Ihrer Fahrkarte.

O In kleineren Orten fragen Sie im Verkehrsbüro, in einem Reisebüro oder im Hotel nach den Busabfahrtszeiten. Manche Orte haben auch einen zentralen Busbahnhof *(estación central de autobuses)*. Die meisten Strecken werden in ungefähr stündlichen Abständen befahren. Regen Sie sich nicht auf, wenn ein Bus an Ihnen vorüberfährt, ohne anzuhalten. Wahrscheinlich ist er voll und der Ersatzbus bereits unterwegs.

In den meisten Städten gibt es einen städtischen Busdienst, der auch die Strände bedient. Der letzte Bus fährt meist um 18 Uhr. Die Busse sind teurer als die Schmalspurbahn, hingegen billiger als Fahrten mit den Zügen der Eisenbahn-Hauptlinie.

Eisenbahn *(tren)*. Eine Schmalspurbahn fährt von Alicante nach Denia. Die Fahrt dauert über zwei Stunden, da der Zug sehr häufig hält.

Von Alicante führen Hauptstrecken in alle Teile des Landes. Nahverkehrszüge sind langsam und halten an jedem Bahnhof, Fernschnellzüge hingegen fahren schnell und pünktlich. Die Wagen erster Klasse sind komfortabel, die zweiter Klasse ebenfalls recht bequem. Fahrkarten erhalten Sie sowohl am Bahnhof *(estación de ferrocarril)* als auch in Reisebüros. Für längere Strecken sind Platzkarten zu empfehlen.

Talgo, Intercity, Electrotren, Ter, Tren Estrella	Bequemer, EuroCity-ähnlicher Dieselzug; 1. und 2. Klasse mit Zuschlag
Expreso, Rápido	Schnellzug, der nur in größeren Orten hält, zuschlagpflichtig
Omnibus, Tranvía, Automotor	Lokalzüge, die an den meisten Stationen halten; meist nur 2. Klasse
Auto Expreso	Autoreisezug
coche comedor	Speisewagen
Coche cama	Schlafwagen mit 1-, 2- oder 3-Bett-Abteilen
litera	Liegewagen

Wann fährt der nächste Bus nach …?	**¿Cuándo sale el próximo autobús para …?**

Wann fährt/Welches ist der beste Zug nach ...?	¿Cuándo/Cuál es el mejor tren para ...?
Wieviel kostet es nach ...?	¿Cuánto es la tarifa a ...?
einfach/hin und zurück	ida/ida y vuelta
1./2. Klasse	primera/segunda clase
Ich möchte Platzkarten bestellen.	Quiero reservar asientos.

POLIZEI *(policía)*. Es gibt drei Polizeikorps in Spanien: die *Policía Municipal* (städtische Polizei), die der örtlichen Verwaltung untersteht und meistens blaue Uniformen trägt; das *Cuerpo Nacional de Policía* (nationale Polizei), das für Gewaltverbrechen zuständig und an ihrer blau-weißen Uniform zu erkennen ist; und die *Guardia Civil,* die auch den Verkehr überwacht. Wenn Sie polizeiliche Hilfe brauchen, können Sie sich an jedes der drei Korps wenden.

Wo ist die nächste Polizeiwache?	¿Dónde está la comisaría más cercana?

POST, TELEGRAMME, TELEFON

Postamt *(correos)*. In spanischen Postämtern können Sie auch Telegramme aufgeben, normalerweise aber keine Telefongespräche führen. Sie sind von Montag bis Freitag 9–13 oder 14 und 16 oder 17–18 oder 19 Uhr (manche nur 9–14 Uhr), am Samstag nur vormittags geöffnet.

Wenn Sie sich Ihre Post nach Spanien nachschicken lassen wollen, jedoch keine feste Adresse haben, müssen die Sendungen mit Ihrem Namen, der Bezeichnung *Lista de Correos* (postlagernd) sowie dem Namen der nächstgelegenen Stadt versehen sein. Sie können sie dann auf dem Hauptpostamt der betreffenden Stadt gegen Vorzeigen Ihres Ausweises abholen. Meist muß für jeden Brief eine kleine Gebühr bezahlt werden.

Einige Postämter nehmen eingeschriebene Sendungen nur zu bestimmten Zeiten an.

Briefmarken bekommen Sie auch in Tabakläden (*tabacos* oder *estancos*), manchmal auch am Hotelempfang.

Briefkästen sind gelb.

Telegramme *(telegrama)*. Die Schalterstunden für Postannahme und Telegramme sind verschieden, und zwar nicht nur voneinander, son-

P dern auch von Ort zu Ort. Sie können Telegramme aber rund um die Uhr telefonisch aufgeben. In der Provinz Alicante geschieht dies über die Telefonnummer 22 22 00; im Hotel wird man Ihr Telegramm auch vom Empfang aus aufgeben.

Telefon *(teléfono)*. In- und Auslandsgespräche führen können Sie in öffentlichen Fernsprechzellen, in den meisten Hotels (oft zu einem überhöhten Tarif) und in einigen Postämtern. Die verschiedenen Ländervorwahlnummern finden Sie im Telefonbuch. Und für Selbstwählapparate brauchen Sie dann nur noch einen entsprechenden Vorrat an Kleingeld bereitzuhalten.

Um zu Hause anzurufen, machen Sie folgendes: Hörer abheben, auf das Freizeichen warten, die Nummer 07 wählen, erneute Tonalität abwarten, die internationale Telefonvorwahl (Bundesrepublik Deutschland 49, Österreich 43, Schweiz 41) und die Nummer des Teilnehmers (nationale Fernkennzahl ohne 0) eingeben.

Ein R-Gespräch (Empfänger bezahlt) heißt *cobro revertido*, ein Gespräch mit Voranmeldung *persona a persona*.

Können Sie mich mit dieser Nummer in … verbinden?	**¿Puede comunicarme con este número en …?**
Haben Sie Post für …?	**¿Ha recibido correo para …?**
Eine Briefmarke für diesen Brief/diese Postkarte, bitte.	**Por favor, un sello para esta carta/tarjeta.**
Eilbrief	**urgente**
Luftpost	**vía aérea**
Eingeschrieben	**certificado**
Ich möchte ein Telegramm nach … aufgeben.	**Quisiera mandar un telegrama a …**

R **RADIO und FERNSEHEN** *(radio; televisión)*. In Spanien können Sie auch einige deutschsprachige Sender empfangen, tagsüber am besten über Kurzwelle. Abends und nachts ist sogar der Empfang über Mittelwelle mit Kofferradios recht gut. Zu empfangen sind auch die Sendungen in deutscher Sprache von Radio Balear internacional (Antena alemana) auf UKW 103,2 MHz (täglich außer sonntags 18–20 Uhr) und von Radio Diario de Ibiza auf UKW 102 MHz (19–20 Uhr).

Die meisten Hotels und Cafés besitzen einen Fernsehapparat. Das spanische Fernsehen überträgt häufig Sportsendungen – und bei Fußball oder einem Stierkampf fällt es kaum ins Gewicht, daß der Kommentator Spanisch spricht.

REKLAMATIONEN. Hotels und Restaurants sind verpflichtet, offizielle Beschwerdeformulare *(Hoja Oficial de Reclamación)* vorrätig zu haben und bei Bedarf zur Verfügung zu stellen. Sie werden in drei Exemplaren ausgefüllt, von denen das Original an die regionale Vertretung des Ministeriums für Fremdenverkehr geschickt wird, eine Kopie im beanstandeten Hotel oder Restaurant bleibt und Sie die zweite Kopie behalten. Meist genügt bereits die Frage nach einem Beschwerdeformular, um ein Problem gütlich beizulegen. Man sollte sich jedoch nur in schweren Fällen schriftlich beschweren, denn Klagen werden sehr ernst genommen, und der Ruf und die Lizenz des Besitzers stehen auf dem Spiel.

Falls Sie sich einmal wirklich nicht mehr zu helfen wissen und auch die Polizei nicht rufen können, schreiben Sie direkt an:

Secretaría de Estado de Turismo, Sección de Inspección y Reclamaciones, Duque de Medinaceli, 2, Madrid.

SIESTA. Machen Sie sich mit dieser angenehmen Sitte vertraut, die wir Mitteleuropäer häufig nur dem Namen nach kennen. An der Costa Blanca wird sie eingehalten – im allgemeinen gibt man sich zwischen 13 und 17 Uhr der Ruhe hin. Die Geschäfte öffnen meist wieder um 16 oder 17 Uhr und sind dann bis 20 oder 21 Uhr geöffnet.

SPRACHE. Man freut sich hier, wie überall, wenn Fremde sich Mühe geben, die einheimische Sprache etwas zu lernen.

Die offizielle Landessprache in Spanien ist das Kastilische *(Castellano),* doch die Mundarten, die an der Costa Blanca gesprochen werden, sind davon ziemlich verschieden. Nördlich von Alicante werden *Valenciano* (katalanischer Dialekt), *Alicantino* und *Lemosín* gesprochen, südlich werden Sie eher *Murciano* und verwandte Mundarten hören.

SPANISCH FÜR DIE REISE von Berlitz und das Berlitz-Taschenwörterbuch Spanisch-Deutsch/Deutsch-Spanisch mit einer ausführlichen Erläuterung der spanischen Speisekarte vermitteln Ihnen den für die meisten Situationen ausreichenden Wortschatz.

	Valenciano	**Castellano**
Guten Morgen	*Bon dia*	*Buenos días*
Guten Tag/Abend	*Bona vesprada*	*Buenas tardes*
Gute Nacht	*Bona nit*	*Buenas noches*

S

Bitte	*Per favor*	*Por favor*
Danke	*Gracies*	*Gracias*
Gern geschehen	*De res*	*De nada*
Auf Wiedersehen	*Adéu*	*Adiós*

In den Touristenzentren sprechen die meisten Spanier etwas Deutsch.

Sprechen Sie Deutsch? **¿Habla usted alemán?**
Ich spreche nicht Spanisch. **No hablo español.**

STRÄNDE

Umgebung von Alicante

Postiguet: feiner Sandstrand von ungefähr 1½ km Länge, gute Sportmöglichkeiten, Strandpromenade und Cafés vorhanden.

Albufereta: ungefähr 150 m langer feiner Sandstrand; vorzügliche Sportmöglichkeiten; Ferienwohnungen, Cafés und Bars.

San Juan/Muchavista: mehrere Kilometer langer feiner Sandstrand, gute Sportmöglichkeiten, Park, Parkplatz, Restaurants und Bars in der Nähe.

Richtung Norden

Campello: knapp 1 km langer Strand mit Kiesel, Sand und Felsen; Strandpromenade, Restaurants und Bars.

Poniente (Benidorm): feiner Sandstrand von 3 km Länge außerhalb der alten Stadt, gute Sportmöglichkeiten, einige Cafés.

Levante (Benidorm): ungefähr 1½ km langer feiner Sandstrand, gute Sportmöglichkeiten, Hotels und Restaurants in der Nähe.

Albir: Kieselstrand von ungefähr 1½ km Länge, sehr gute Sportmöglichkeiten, Ferienhäuser, Bars und Cafés in der Nähe.

Olla de Altea: 500 m langer Kieselstrand, Sportmöglichkeiten, großes Hotel; Bootshafen.

Puerto (Calpe): 150 m langer Strand mit feinem Sand und einigen Kieseln, annehmbare Sportmöglichkeiten, sehr schöner Blick auf Peñón de Ifach.

Fosa oder *Levante* (Calpe): ungefähr 1½ km langer feiner Sandstrand, ausgezeichnete Sportmöglichkeiten, Park in der Nähe.

Fustera (Calpe): rund 50 m Strand zwischen Felsen, keine Sportmöglichkeiten, etwas Seegras.

Castillo (Moraira): 100 m langer feiner Sandstrand zwischen Felsvorsprüngen, wenig Sportmöglichkeiten; Burgruine, Bootshafen, Bars und Restaurants in der Nähe.

Portet (Moraira): kleiner Kieselstrand, Bootsanlegestelle, gute Sportmöglichkeiten, Restaurants und Bars in der Nähe.
Granadella (Jávea): kleiner Kiesel- und Sandstrand in geschützter Bucht, keine Sportmöglichkeiten, Restaurant in der Nähe.
Arenal (Jávea): etwa 800 m lange Sandbucht, ausgezeichnete Sportmöglichkeiten, Restaurants und Park in der Nähe.
Jávea: rund 500 m Kieselstrand am Hafen, keine Sportmöglichkeiten, Bar.
Las Marinas (Denia): mehrere Kilometer langer Sandstrand, ausgezeichnete Sportmöglichkeiten, Bars und Restaurants in der Nähe.
Vergel: kilometerlanger feiner Sandstrand, Bars und Restaurants in der Nähe, keine Sportmöglichkeiten.
Playa de Oliva: herrlicher, in die Playa de Piles übergehender Sandstrand, Bars und Restaurants in der Nähe, einige Sportmöglichkeiten.
Gandía: mehrere Kilometer langer, sehr gut unterhaltener Sandstrand; Bars, Restaurants und gute Sportmöglichkeiten.

Südlich von Alicante

Los Arenales del Sol: mehrere Kilometer langer feiner Sandstrand, beschränkte Sportmöglichkeiten.
Santa Pola: 500 m langer grauer Kieselstrand, einige Sportmöglichkeiten, gute Restaurants in der Nähe.
Pinet: ungefähr 1$^1/_2$ km langer feiner Sandstrand, keine Sportmöglichkeiten, Restaurant und Bar.
Guardamar: mehrere Kilometer langer feiner Sandstrand, sehr beschränkte Sportmöglichkeiten, Vergnügungspark, Restaurant und Bar.
Los Locos (Torrevieja): kleiner Strand mit grobem Sand, Bars in der Nähe.
El Cura (Torrevieja): 500 m langer feiner Sandstrand, Sportmöglichkeiten.
Campoamor: 400 m langer feiner Sandstrand, gute Sportmöglichkeiten, einige Ferienhäuser in den nahen Hügeln.
La Zenia: kleiner Sandstrand mit Felsvorsprüngen, keine Sportmöglichkeiten, Bar und Klub.
La Manga: mehrere Kilometer langer feiner Sandstrand am Mittelmeer, feiner Sandstrand an der Lagune, hervorragende Sportmöglichkeiten.
Puerto de Mazarrón: mehrere durch Felsvorsprünge abgetrennte Buchten mit feinem Sand- und Kieselstrand, gute Sportmöglichkeiten, Ferienhäuser in der Nähe.

S   *Aguilas:* mehrere Sandstrände, Sportmöglichkeiten.
Puerto Rey: grober Sand- und Kieselstrand, beschränkte Sportmöglichkeiten, Bergwerk in der Nähe.
Mojácar: 500 m langer Sand- und Kieselstrand, Sportmöglichkeiten, einige Bars.

STROMSPANNUNG *(corriente eléctrica).* Die Regel ist eine Spannung von 220 Volt Wechselstrom, selten gibt es auch noch Steckdosen mit 125 Volt. Es empfiehlt sich, für Geräte mit Sicherheitsstecker einen Zwischenstecker mitzunehmen. Bei Schwierigkeiten wird man Ihnen am Hotelempfang einen *electricista* empfehlen.

Welche Spannung haben Sie – 125 oder 220 Volt?	**¿Cuál es el voltaje – ciento veinticinco (125) o doscientos veinte (220)?**
Adapter/Batterie	**un adaptador/una pila**

T   **TAXIS*.** Die Preise nehmen sich zu denen der Taxis im übrigen Europa sehr günstig aus. Es empfiehlt sich, vor Antritt der Fahrt nach dem Preis zu fragen, dies auch dann, wenn das Taxi über einen Gebührenzähler verfügt. Bei Fahrten über Land ist der Fahrer berechtigt, auch die Rückfahrt zu berechnen – ob Sie nun mitfahren oder nicht. Außerhalb von Alicante und Benidorm werden Sie nach Mitternacht kaum mehr ein Taxi finden.
Laut Gesetz darf ein Taxi nicht mehr als vier Personen gleichzeitig befördern, aber ein zusätzliches Kleinkind wird von manchen Fahrern leicht »übersehen«.
Ein grünes Licht und/oder die Aufschrift *Libre* zeigt Ihnen an, daß ein Taxi frei ist.

TOILETTEN. Die üblichsten Bezeichnungen für das stille Örtchen in Spanien sind *aseos* und *servicios;* mitunter werden auch *W.C., water* oder *retretes* verwendet.
In größeren Orten werden Sie genügend öffentliche Toiletten finden. In den Dörfern ist es am einfachsten, die Toilette in einem Café oder einem Restaurant zu benutzen. Man erwartet aber von Ihnen, daß Sie ein Getränk bestellen oder sonst etwas verzehren.

Wo sind die Toiletten?	**¿Dónde están los servicios?**

TRINKGELDER. In Restaurants und Hotels ist die Bedienung im allgemeinen inbegriffen, es steht Ihnen also frei, ein zusätzliches

Trinkgeld zu geben. Übliche Praxis ist es hingegen in anderen Dienstleistungsbereichen.

Unsere Tabelle gibt Ihnen einige Anhaltspunkte:

Fremdenführer	10%
Friseur	10%
Gepäckträger (Hotel) (pro Gepäckstück)	mindestens Ptas 50
Kellner	5–10% (wenn Sie besonders zufrieden waren)
Taxifahrer	10%
Toilettenpersonal	Ptas 25–50
Zimmermädchen (für besonders guten Service)	Ptas 100–200

WASSER *(agua).* Da es hier selten regnet, ist Leitungswasser kostbar. Gelegentliche Knappheit kann zu Unannehmlichkeiten führen (über Nacht abgestelltes Wasser usw.). Die Spanier trinken praktisch nie Leitungswasser, sondern bevorzugen Mineralwasser. Es ist durchaus üblich, sich Wasser aufs Zimmer bringen zu lassen. Wenn Sie sehr empfindlich sind, sollten Sie Eiswürfel in den Getränken ablehnen.

eine Flasche Mineralwasser mit/ohne Kohlensäure	**una botella de agua mineral con/sin gas**
Ist das Wasser trinkbar?	**¿El agua es potable?**

ZEITUNGEN und ZEITSCHRIFTEN *(periódico; revista).* Während der Saison sind die überregionalen deutschsprachigen Zeitungen sowie Zeitschriften meist am Tag ihres Erscheinens erhältlich.

Das Wochenblatt *Costa Blanca Nachrichten* in deutscher Sprache hält Urlauber über Neuigkeiten aus der Gegend auf dem laufenden.

Haben Sie deutschsprachige Zeitungen?	**¿Tienen periódicos en alemán?**

ZIGARETTEN*, ZIGARREN, TABAK *(cigarrillos, puros, tabaco).* Spanische Zigaretten werden aus starkem, schwarzem *(negro)* oder hellem Tabak *(rubio)* hergestellt. Importierte Zigaretten kosten etwa dreimal soviel wie einheimische Marken. Aber: Ausländische Marken,

Z die in Spanien in Lizenz produziert werden, können unter Umständen billiger sein als zu Hause. Zigarren von den Kanarischen Inseln sind ausgezeichnet, kubanische überall erhältlich.

Die Tabakindustrie ist Staatsmonopol; die staatliche Tabacalera S.A. beliefert ihre offiziellen Geschäfte (*tabacos* oder *estancos*). Tabakläden verkaufen oft auch Briefmarken.

Rauchen ist in Spanien an vielen öffentlichen Stätten gesetzlich verboten. Beachten Sie auch das Rauchverbot in öffentlichen Verkehrsmitteln, Warenhäusern oder Kinos.

Eine Schachtel .../Streichhölzer, bitte.	**Un paquete de .../Una caja de cerillas, por favor.**
mit/ohne Filter	**con/sin filtro**

ZOLL und PASSFORMALITÄTEN *(aduana)*. Staatsangehörige der Bundesrepublik, Österreichs und der Schweiz brauchen für die Einreise nach Spanien einen Paß oder Personalausweis bzw. eine Identitätskarte. Die normale Aufenthaltsdauer für Touristen beträgt drei Monate, für eine Verlängerung brauchen Sie einen Reisepaß.

Zollfrei können Sie nach Spanien (bzw. in Ihr Heimatland) einführen:

nach:	Zigaretten	Zigarren	Tabak	Spirituosen	Wein
Spanien	1) 200 oder 2) 300	50 oder 75	250 g 350 g	1 oder 1,5 und	2 l 5 l
BRD	3) 200 oder 4) 300	50 oder 75	250 g 400 g	1 und 1,5	2 l 5 l
Österreich	200 oder	50 oder	250 g	1 und	2 l
Schweiz	200 oder	50 oder	250 g	1 und	2 l

1) bei Einreise aus Nicht-EG-Ländern
2) bei Einreise aus EG-Ländern
3) bei Einreise aus Nicht-EG-Ländern oder für Einreise aus EG-Ländern mit zollfrei gekauften Waren
4) bei Einreise aus EG-Ländern mit *nicht* zollfrei gekauften Waren

Devisenbeschränkungen. Für Touristen bestehen keine Währungsbeschränkungen, doch müssen Beträge, die den Gegenwert von Ptas. 500 000 übersteigen, bei der Einreise deklariert werden, um die Ausreise zu erleichtern. Ausländische Währung kann bis zu dem bei der Einreise angegebenen Betrag wieder mitgenommen werden.

Ich habe nichts zu verzollen.	**No tengo nada que declarar.**
Das ist für meinen persönlichen Gebrauch bestimmt.	**Es para mi uso personal.**

EINIGE NÜTZLICHE AUSDRÜCKE

ja/nein	**sí/no**
bitte/danke	**por favor/gracias**
Verzeihung/gern geschehen	**perdone/de nada**
wo/wann/wie	**dónde/cuándo/cómo**
wie lange/wie weit	**cuánto tiempo/a qué distancia**
gestern/heute/morgen	**ayer/hoy/mañana**
Tag/Woche/Monat/Jahr	**día/semana/mes/año**
links/rechts	**izquierda/derecha**
hinauf/hinunter	**arriba/abajo**
gut/schlecht	**bueno/malo**
groß/klein	**grande/pequeño**
billig/teuer	**barato/caro**
heiß/kalt	**caliente/frío**
alt/neu	**viejo/nuevo**
offen/geschlossen	**abierto/cerrado**
Kellner!/Kellnerin!	**¡Camarero!/¡Camarera!**
Ich möchte …	**Quisiera …**
Wieviel kostet das?	**¿Cuánto es?**
Wieviel Uhr ist es?	**¿Qué hora es?**
Was bedeutet das?	**¿Qué quiere decir esto?**
Spricht hier jemand Deutsch?	**¿Hay alguien aquí que hable alemán?**
Ich verstehe nicht.	**No comprendo.**
Bitte schreiben Sie es auf.	**Por favor, escríbalo.**
Helfen Sie mir, bitte.	**Ayúdeme, por favor.**

Register

Fettgedruckte Seitenzahlen verweisen auf den Haupteintrag, Sternchen (*) auf Karten. Ein Register der Praktischen Hinweise finden Sie vorne auf der inneren Umschlagseite.

Aguilas 56, 57*, 122
Albaida 43
Albir 35*, 36, 120
Alcantarilla 51*, 70
Alcázar de la Señoría (Zitadelle), Elche 63
Alcázares, Los 51*, 53
Alcoy 30–31, 35*, 76
Alcudia, La 60–61
Algar, Cascada de El (Wasserfälle) 35*, 48
Alicante 21, 22–27, 25*, 35*, 51*, 76, 120
Altea 35*, 36, 120
Amadorio, Pantano de (Stausee) 35*, 46
Angelsport 81–83
Aspe 33, 51*
Ayuntamiento (Rathaus)
 Alicante 23–24, 25*
 Elche 63
 Villena 32
Azorín (siehe Martínez Ruiz, José)

Belluga, Kardinal 66
Benidorm 34, 35*, 45–46, 47*, 76, 120
Benidorm, Isla de (Insel) 35*, 45–46
Biar 32
Bocairente 43–44, 76
Bootssport 81
Burgen (siehe auch Castillo) 31–33, 55
Busot 30, 35*

Cabo Cope 56, 57*
Cabo Roig 50, 51*
Callosa de Ensarriá 35*, 47–48
Calpe 35*, 36, 121
Campello 34, 35*
Campoamor 50, 51*
Carboneras 57*, 58
Cartagena 51*, 53, 55*, 57*, 75
Casinos 34, 52, 68
Castalla 32
Castillo (Kastell)
 ~ de la Concepción, Cartagena 54, 55*
 ~ Mayor, Játiva 42
 ~ Menor, Játiva 42
 ~ de la Mola, Novelda 33
 ~ de San Fernando, Alicante 27
 ~ de Santa Bárbara, Alicante 25*, 24–27
Catedral
 ~ de Orihuela 65
 ~ de San Nicolás de Bari, Alicante 23, 25*
 ~ de Santa María, Murcia 66, 67*
Coll de Rates 35*, 49
Confrides 47
Crevillente 51*, 63
Cueva (Höhle)
 ~ de Agua Dulce 39
 ~ de Canalobre 30, 35*
Cuevas de Almanzora 56–57, 57*

Denia 35*, 39, 121

Drachenfliegen *84*

Einkaufen (siehe auch Märkte)
   85-88
Elche *51*,* **58-63,** *76*
Elda *33, 51**
Ermita de San Feliú (Klause),
   Játiva *41-42*

Ferdinand (siehe Katholische
   Könige)
Fiestas *31, 34, 43, 50, 61-62,*
   75-76
Flamenco *72-75*

Gandía *35*, 40*
Garrucha *57, 57**
Gata de Gorgos *35*, 36-38*
Getränke **85-98,** *103*
Golf **83,** *103*
Guadalest (Festung) *35*, 47*
Guardamar del Segura *50, 51*,*
   121

Hannibal *13, 40*
Hernández, Miguel *29*
Herrera, Juan de *23*
Höhlen (siehe Cueva)
Hort del Cura (Palmenhain),
   Elche *51*, 60*

Ibi *31, 35**
Iglesia (Kirche)
   ~ Colegiata, Játiva *40-41*
   Ermita de Jesús, Murcia *67*,*
      68-69
   ~ De Nuestra Señora de
      Belén, Cervillente *63*
   ~ de Santa María, Alicante
      24, 25*
   ~ de Santa María, Elche
      61-62
   ~ de Santa María Vieja,
      Cartagena *55, 55**
Isabella (siehe Katholische
   Könige)

Jagd *84*
Jalón *35*, 49*
Játiva **40-42,** *76*
Jávea *35*,* **38,** *121*
Jijona *30, 35**

Kastelle (siehe Castillo)
Kathedralen (siehe Catedral)
Katholische Könige *16, 23, 63*
Kirchen (siehe Iglesia)
Küche (siehe auch Restaurants)
   30, 48, 50, 89-94, 98-99

Manga, La *50,* **52,** *121*
Märkte (siehe auch Einkaufen)
   22, 23, 36, 69
Mar Menor **50-53,** *51*, 76*
Martínez Ruiz, José *29, 33*
Mata, La *50*
Mojácar **57-58,** *57*, 122*
Monasterio de Santa Verónica
   29, 35*
Monóvar *33, 51**
Moraira *35*, 36, 121*
Murcia *51*,* **66-70,** *67*, 75*
Museo (siehe auch
   Ayuntamiento)
   ~ Arqueológico, Cartagena
      55, 55*
   ~ Arqueológico Provincial,
      Alicante *25*, 27*
   ~ de Arte del Siglo XX,
      Alicante *24*
   ~ Camilo Visedo, Alcoy *31*
   ~ Diocesano, Murcia *66*
   ~ Histórico, Bocairente *43*
   ~ Histórico y Etnográfico,
      Jávea *38*

de la Huerta, Alcantarilla *70*
~ Municipal, Játiva *41*
~ Parroquial, Bocairente *43*
~ Salzillo, Murcia *67*, 69*

Napoleon Bonaparte *17*
Negras, Las *57*, 58*
Níjar *57*, 58*
Ñora, La *51*, 69–70*
Novelda *33, 51*
Nueva Tabarca (Insel) *30, 51**

Onteniente *43*
Orihuela *51*, 63–65*

Palacio de los Duques, Gandía *40*
Penáguila *47*
Peñón de Ifach *35*, 36*
Petrel (Schloß) *32–33*
Playa (Strand) *77–78*, **120–122**
~ de Albir *35*, 120*
~ de la Albufereta *35*, 120*
~ Arenal (~ de la Arena) *35*, 121*
~ de los Arenales del Sol *51*, 121*
~ del Castillo *35*, 121*
~ de Fustera *35*, 121*
~ de Grandella *35*, 121*
~ de Guardamar *51*, 121*
~ de Levante, Benidorm *35*, 47*, 120*
~ de Levante (Fosa), Calpe *35*, 121*
Olla de Altea *35*, 120*
~ de Pinet *51*, 121*
~ de Poniente *35*, 47*, 120*
~ de Portet *35*, 121*
~ de Postiguet *35*, 120*
~ del Puerto *35*, 121*
~ de San Juan/Muchavista *35*, 120*
~ de Santa Pola *51*, 121*

Preise *103*
Puerto de Mazarrón **56,** *57*, 122*

Restaurants (siehe auch Küche) **94–95,** *103*
Reiten *83–84*
Ribera, José de *40*

Safari-Park Vergel *40, 114*
Salzillo, Francisco *66, 69*
Santa Pola **50,** *51*, 121*
Santiago de la Ribera *51*, 53*
Sax *32*
Schnorcheln *79*
Sella *35*, 46*
Spielkasino *52*
Sport *77–84*
Stierkampf *43,* **70–72**
Strände (siehe Playa)

Tárbena *35*, 48*
Tauchen *79–81*
Tennis *83*
Torrevieja **50,** *51*, 76, 121*
Turrón *30*

Unión, La *51*, 55*

Vera *57, 57**
Vergel *35*, 39–40*
Verkehrsmittel *21–22, 103,* **115–117**
Villajoyosa **34,** *35*, 76*
Villena *32*
Vogelbeobachtung *84–85*
Volkstänze *75*

Wasserski *81*
Windsurfen *81*

Zenia, La *50, 51**

098/906 SUD 11